憲法から学ぶ

税務判例
読解術

青山学院大学法学部教授・弁護士
木山 泰嗣〔著〕

ぎょうせい

はじめに

　税務判例を読んでいると、しばしば登場するのが「憲法論」です。古くは「大島訴訟（サラリーマン税金訴訟）」最高裁判決があり、近年では、「妻弁護士事件」や「遡及立法事件」の最高裁判決があります。しかし、最高裁が憲法論を正面から取り上げることは、税務判例のなかで決して多くはありません。

　それは先例としての大島訴訟最高裁判決が、税法における広い立法裁量論を示したからです。その後の訴訟では、納税者が租税立法の違憲性を裁判で主張しても劣勢になるだけになり、正面から主張がされにくくなりました。また、この先例が確立し、最高裁も租税立法の合憲性についてはあまり取り上げなくなりました。

　もっとも、租税法律主義（憲法84条）が租税の大原則になっていることは、いうまでもありません。納税の義務（憲法30条）も、あくまで法律の定めが前提になっています。

　租税法律主義は、課税要件法定主義、課税要件明確主義、合法性の原則、遡及立法禁止の原則など、さまざまな派生原理をもっています。それらを個々の租税立法で議論することが重要であることは、今日でも全く変わりません。最高裁判決で取り上げられることは少なくなりましたが、地裁や高裁の下級審判決では、いまでも憲法論が1つの争点として取り上げられています。

　本書は、税務判例のなかでも、特にこうした憲法論が問題になったものに焦点を当てたものです。月刊「税理」（ぎょうせい）で連載したものをまとめた書籍ですが（2014年1月号～2017年4月号までを収録［現在も連載中］）、書籍化するに当たり、書き下ろしでコラムも追加しました。税務判例における憲法論の位置づけを味わっていただければ幸いです。

青山学院大学法学部教授　木山　泰嗣

目　次

はじめに

本書の読み方と有効活用法

File 01

CASE 1 ▶ 租税法律主義と通達課税……………………………………2
➡最（二小）判昭33.3.28・民集12巻4号624頁

CASE 2 ▶ 給与所得の概算控除の合憲性
　　　　　──事業所得と比べて不平等ではないか？（上）……………6
➡最（大）判昭60.3.27・民集39巻2号247頁

CASE 3 ▶ 給与所得の概算控除の合憲性
　　　　　──事業所得と比べて不平等ではないか？（下）……………10
➡最（大）判昭60.3.27・民集39巻2号247頁

CASE 4 ▶ 課税最低限と生存権（憲法25条）……………………………14
➡最（三小）判平元.2.7・訟月35巻6号1029頁

CASE 5 ▶ 源泉徴収制度の合憲性………………………………………18
➡最（大）判昭37.2.28・刑集16巻2号121頁

CASE 6 ▶ 酒類販売免許制度の合憲性…………………………………22
➡最（三小）判平4.12.15・民集46巻9号2829頁

CASE 7 ▶ 所得税法56条の合憲性………………………………………26
➡最（三小）判平16.11.2・訟月51巻10号2615頁

CASE 8 ▶ 課税単位………………………………………………………30
➡最（大）判昭36.9.6・民集15巻8号2047頁

CASE 9 ▶ 遡及的変更と租税法律主義…………………………………34
➡最（二小）判平23.9.30・判タ1359号75頁

CASE 10 ▶ 過大役員給与の規定の合憲性………………………………38
➡札幌地判平11.12.10・判タ1046号112頁

(Column #1) 憲法論の主張は無理筋？／42

File 02

CASE 11 ▶ 重加算税の合憲性 ……………………………………… 46
　➡最（二小）判昭45.9.11・刑集24巻10号1333頁

CASE 12 ▶ 雑所得に損益通算が認められないことの合憲性 ……… 50
　➡福岡高判昭54.7.17・訟月25巻11号2888頁

CASE 13 ▶ 雑所得の合憲性 ………………………………………… 54
　➡東京高判平3.10.14・判タ775号235頁

CASE 14 ▶ 相続税法が定める連帯納付義務の合憲性 …………… 58
　➡東京高判平19.6.28・判タ1265号183頁

CASE 15 ▶ 執行上の平等原則 ………………………………………… 62
　➡大阪高判昭44.9.30・判タ241号108頁

CASE 16 ▶ 国内源泉所得について
　　　　　　源泉徴収義務を負うことの合憲性 ……………………… 66
　➡東京地判平23.3.4・裁判所HP

CASE 17 ▶ 中小法人に交際費を認める措置法の合憲性 …………… 70
　➡横浜地判平4.9.30・行集43巻8・9号1221頁

CASE 18 ▶ 国民健康保険の保険料と租税法律主義 ……………… 74
　➡最（大）判平18.3.1・民集60巻2号587頁

CASE 19 ▶ 事業専従者控除と法の下の平等 ……………………… 78
　➡福岡高判昭60.8.29・行集36巻7・8号1252頁

CASE 20 ▶ 地方団体が制定した法定外税条例が無効とされた事例 ‥82
　➡最（一小）判平25.3.21・民集67巻3号438頁

(Column #2) 違憲審査基準とは？／86

3

File 03

CASE 21 ▶ 不動産取得税について示された税法解釈の手法・・・・・・・・・・ 90
　　→東京地判平21.6.26・公刊物未登載

CASE 22 ▶ 事実婚の未認知の子等の扶養控除・・・・・・・・・・・・・・・・・・・・・・ 94
　　→最（一小）判平3.10.17・訟月38巻5号911頁

CASE 23 ▶ 事実婚における配偶者控除・・・・・・・・・・・・・・・・・・・・・・・・・・・・ 98
　　→最（三小）判平9.9.9・訟月44巻6号1009頁
　　→名古屋地判平7.9.27・税資213号694頁

CASE 24 ▶ 損害賠償金の必要経費不算入規定の合憲性・・・・・・・・・・・・・ 102
　　→東京地判平21.6.26・税資259号順号11234

CASE 25 ▶ 職務発明の対価としての和解金を譲渡所得に
　　　　　　当たらないとする解釈の合憲性・・・・・・・・・・・・・・・・・・・・・・ 106
　　→大阪地判平23.10.14・裁判所HP

CASE 26 ▶ 質問検査権の合憲性（上）・・・・・・・・・・・・・・・・・・・・・・・・・・・・ 110
　　→最（大）判昭47.11.22・刑集26巻9号554頁

CASE 27 ▶ 質問検査権の合憲性（下）・・・・・・・・・・・・・・・・・・・・・・・・・・・・ 114
　　→最（大）判昭47.11.22・刑集26巻9号554頁

CASE 28 ▶ 地方税法343条2項後段の類推適用・・・・・・・・・・・・・・・・・・ 118
　　→最（二小）判平27.7.17・裁判所HP

CASE 29 ▶ 不動産取得税（非課税規定）の類推適用・・・・・・・・・・・・・・・ 122
　　→最（二小）判昭48.11.16・民集27巻10号1333頁

CASE 30 ▶ 組織再編成の行為計算否認規定の合憲性・・・・・・・・・・・・・・・ 126
　　→東京地判平26.3.18・判時2236号25頁

(Column #3) 憲法を学ぶことの意義／130

File 04

CASE 31 ▶ 減額更正後の増額更正で生じた
相続税について延滞税を課すことの合憲性 134
　➡東京高判平25.6.27・裁判所HP

CASE 32 ▶ 交際費等の要件と租税法律主義 138
　➡東京高判平15.9.9・判タ1145号141頁

CASE 33 ▶ 公正処理基準と課税要件明確主義 142
　➡東京地判平25.2.25・裁判所HP

CASE 34 ▶ 貸付金利子の解釈と課税要件明確主義 146
　➡大阪高判平21.4.24・裁判所HP

CASE 35 ▶ 歯科技工業の事業区分と租税法律主義 150
　➡名古屋高判平18.2.9・税資256号順号10305

CASE 36 ▶ 一括支払システム契約の効力と租税法律主義 154
　➡最（二小）判平15.12.19・民集57巻11号2292頁

CASE 37 ▶ 小規模宅地等の特例の適用と租税法律主義 158
　➡最（三小）判平19.1.23・訟月54巻8号1628頁

CASE 38 ▶ 任意組合員の所得税についての通達規定の適用 162
　➡東京地判平23.2.4・判タ1392号111頁

CASE 39 ▶ 来料加工取引におけるTH税制の解釈 166
　➡東京地判平24.7.20・税資262号順号12009

CASE 40 ▶ 登録免許税の減免規定と委任立法 170
　➡大阪高判平12.10.24・判タ1068号171頁

(Column #4) 憲法のオススメの本／174

おわりに
著者略歴

【本書の読み方と有効活用法】

① 本書では、税法の規定について問題とされた憲法解釈を明瞭にするため、各項目において次の構成を採用しています。
② 税務判例において、重要な解釈が示された事件の判決を引用して紹介します（判決文の引用に、番号を入れています）。
③ 「本項のポイント」として、紹介した判決のポイントを整理し、憲法解釈の問題点を示します。
④ この「本項のポイント」は、目を通すだけでも、そのエッセンスをつかむことができるようになっています。
⑤ 各章の最後にあるコラムを併せて読むことで、憲法の基本について思考を深め、次のステップに進むための視点を学べます。

【凡　　例】

◇裁判名の表記例（主にかっこ内について）

　最高裁平成○年○月○日第一小法廷⇒最〔一小〕判平○.○.○

　○○高裁平成○年○月○日判決⇒○○高判平○.○.○

　○○地裁平成○年○月○日判決⇒○○地判平○.○.○

◇判例雑誌等

　最高裁判所民事判例集⇒民集、裁判所時報⇒裁時、月刊税理⇒税理、税務訴訟資料⇒税資、税理情報ネットワークシステム⇒TAINS、判例タイムズ⇒判タ、判例時報⇒判時

◇法　令　名　等

　法人税法／法人税法施行令⇒法法／法令、所得税法⇒所法、法人税基本通達⇒法基通

　＊なお、略式の表記については、以下のようにしております。

　（表記例）法人税法1条1項1号⇒法法1①一

　また、暦の表記については内容に応じて適宜、使い分けておりますのでご了承ください。

File 01

CASE 1 租税法律主義と通達課税

> 最（二小）判昭33.3.28・民集12巻4号624頁

　物品税は物品税法が施行された当初（昭和4年4月1日）においては消費税として出発したものであるが、その後次第に生活必需品その他いわゆる資本的消費財も課税品目中に加えられ、現在の物品税法（昭和15年法律第40号）が制定された当時、すでに、一部生活必需品（例えば燐寸）（第1条第三種1）や「撞球台」（第1条第二種甲類11）「乗用自動車」（第1条第二種甲類14）等の資本財もしくは資本財たり得べきものも課税品目として掲げられ、その後の改正においてさらにこの種の品目が数多く追加されたこと、いわゆる消費的消費財と生産的消費財との区別はもともと相対的なものであつて、パチンコ球遊器も自家用消費財としての性格をまつたく持っていないとはいい得ないこと、その他第一、二審判決の掲げるような理由にかんがみれば、社会観念上普通に遊戯具とされているパチンコ球遊器が物品税法上の「遊戯具」のうちに含まれないと解することは困難であり（★1）、原判決も、もとより、所論のように、単に立法論としてパチンコ球遊器を課税品目に加えることの妥当性を論じたものではなく、現行法の解釈として「遊戯具」中にパチンコ球遊器が含まれるとしたものであつて、右判断は、正当である。

　なお、論旨は、通達課税による憲法違反を云為しているが、本件の課税がたまたま所論通達を機縁として行われたものであつても、通達の内容が法の正しい解釈に合致するものである以上、本件課税処分は法の根拠に基く処分と解するに妨げがなく（★2）、所論違憲の主張は、通達の内容が法の定めに合致しないことを前提とするものであつて、採用し得ない。

本項のポイント

　「憲法改正」が話題を呼んでいる。2012年（平成24年）4月に自民党が日本国憲法改正草案を公表して以来、書店に行けば多くの憲法本を手にとることができるようになった。安倍首相は自民党総裁として、2017年（平成29年）5月3日（憲法記念日）に、2020年向けて憲法改正を実現すると述べた。

　従前は「憲法の本」といえば、イデオロギー的なものか、学生が学ぶための「憲法学」の本のどちらかであったが、いまは違う。さまざまな立場から一般向けに憲法改正に関する本がたくさん出されており、書店の一般書コーナーを賑せている。

　裁判でも、1票の価値の実現を求める選挙無効確認訴訟が相次ぎ、2012年（平成24年）12月の自民党が大勝した衆議院議員選挙についても「違憲状態」との判断が出た（最〔大〕判平25.11.20・裁判所HP）。同じく平成25年9月には、非嫡出子の相続分を嫡出子の2分の1と定めた民法900条ただし書の規定が、憲法14条1項が保障した「法の下の平等」に違反するとの決定も下されている（最〔大〕平25.9.4・裁判所HP）。この大法廷決定を受け、国税庁は「相続税法における民法第900条第4号ただし書前段の取扱いについて（平成25年9月4日付最高裁判所の決定を受けた対応）」を、同年9月に公表している。

　このようにいま日本では、憲法を変えよう（あるいは変えるな）というダイナミズムと、憲法が保障する人権を徹底しようという最高裁の積極主義ともいうべき現象が同時並行的に起きており、かつてないほどに「憲法」が熱をもって語られている。租税についても、憲法に関連した訴訟は過去に多数ある。

　その1つに、通達課税ではないが争われた事件がある。租税法律主義との関係を理解する重要な先例である。

① 最高裁昭和33年判決の意義

　この判例は、憲法の教科書でも取り上げられることが多い著名な判決である。

　しかし、正確な理解をしている者が少ないことでも有名な判決である。いわんとしていることは、次のとおりである。

　「法の正しい解釈」をすると、課税できるものだった（★1）。長年にわたり非課税の扱いがされていたという事実があったとしても、「法の正しい解釈」をすれば課税できる以上、通達の改正をきっかけに課税を始めたのだとしても、「租税法律主義」違反ではない（★2）。

　つまり、いわゆる「通達課税」を追認したものではない。この判決も「通達による課税」は認めていない。それが「単に立法論としてパチンコ球遊器を課税品目に加えることの妥当性を論じたものではなく、現行法の解釈として『遊戯具』中にパチンコ球遊器が含まれる」という判示にあらわれている。

　もし「通達による課税」を認めたとすれば、それは「通達」が「立法」（法律）と同じことになるが、そのような「立法論」をしたのではない。あくまで「現行法の解釈」をしたと強調するのは、「解釈論」の問題に過ぎないと判断したことにある。

　存在する法律の解釈として課税できるとなれば、「法による課税」であり「通達による課税」ではない。

② 租税法律主義と通達課税

　租税法律主義は憲法84条に規定がある。淵源はイングランド（イギリス）のマグナ・カルタ（1215年）にも遡るといわれる。民主主義の現れといわれる条文である。①あらたに租税を課す場合のみならず、②現行の租税を変更する場合にも、選挙で選ばれた国民の代表機関である「国会」による「法律」が必要になる。これが「租

税法律主義」の要諦である。

　ここから派生する原理として、課税の要件及びその手続は「法律」で定めなければならないとする「課税要件法定主義」が導かれる。「法定」が義務付けられるため、法ではない通達による課税は許されない（通達課税の禁止）。通達はあくまで国税庁長官が内部職員に対して指示をした「命令」に過ぎず「法令」としての性質をもち得ていないからである。

　しかし、実際には、まったく法律のないところに課税をするなどといった暴挙に出る例は多くはない。しかし、解釈に際して法律（税法）の規定の解釈として行う課税のようにみせながら、通達の規定が根拠になっていることがある。

　このような課税があれば、納税者は「通達課税」という印象を持つだろう。しかしそれは「法の解釈」をしているに過ぎないといわれれば、そのようにも思える。このせめぎ合いが、裁判で争われている。

CASE 2 給与所得の概算控除の合憲性
――事業所得と比べて不平等ではないか？（上）

> **最（大）判昭60.3.27・民集39巻2号247頁**

　……給与所得についても収入金額を得るための必要経費の存在を観念し得るところ、当時の税制調査会の答申及び立法の経過に照らせば、右の給与所得控除には、給与所得者の勤務に伴う必要経費を概算的に控除するとの趣旨が含まれていることが明らかであるから、旧所得税法は、事業所得等に係る必要経費については、事業所得者等が実際に要した金額による実額控除を認めているのに対し、給与所得については、必要経費の実額控除を認めず、代わりに同法所定額による概算控除を認めるものであり、必要経費の控除について事業所得者等と給与所得者とを区別するものであるということができる（★1）。

　2　そこで、右の区別が憲法14条1項の規定に違反するかどうかについて検討する（★2）。

（一）憲法14条1項は、すべて国民は法の下に平等であって、人種、信条、性別、社会的身分又は門地により、政治的、経済的又は社会的関係において差別されない旨を明定している（★3）。この平等の保障は、憲法の最も基本的な原理の1つであって、課税権の行使を含む国のすべての統治行動に及ぶものである。しかしながら、国民各自には具体的に多くの事実上の差異が存するのであって、これらの差異を無視して均一の取扱いをすることは、かえって国民の間に不均衡をもたらすものであり、もとより憲法14条1項の規定の趣旨とするところではない。すなわち、憲法の右規定は、国民に対し絶対的な平等を保障したものではなく、合理的理由なくして差別することを禁止する趣旨であって、国民各自の事実上の差異に相応して法的取扱いを区別することは、その区別が合理性を有する限り、何ら右規定に違反するもの

ではないのである（★4）（最高裁昭和25年（あ）第292号同年10月11日大法廷判決（略）等参照）。

本項のポイント

「特定秘密保護法」の制定について大きな問題が投げかけられ、それなのに強行採決されたと報道されたことがあった。

国家機密の必要性は認められるとしても、国民の知る権利や、マスメディアの取材・報道の自由を侵害する事態が起きる可能性があるとして、反対論も根強く主張されている。

税法を対象にする本書では、この問題の当否は論じない。しかし、いま挙げた点だけでも「知る権利」「取材の自由」「報道の自由」という憲法上の人権が問題にされている（いずれの人権も憲法に明文規定はないが、表現の自由を保障した憲法21条1項の一内容として保障されると考えるのが一般的である）。

私たちが「日本国憲法」を学ぶべき要請は「憲法改正」の国民投票の1票を持っているということだけにとどまらない。現実に生じる問題を理解するためにも、憲法の基礎知識が不可欠であることを物語る例といえる。

前項では、課税実務では当然となっている通達による課税について（ただし、法解釈の範囲内であれば許されない通達課税ではなく、正確には通達課税とはいわない）、最高裁昭和33年判決を素材にしながら解説をした。

本項では、税法を学ぶ人の多くが最初のころに判例として知るであろう「サラリーマン税金訴訟」、別名「大島訴訟」（最〔大〕判60.3.27・民集39巻2号247頁）を素材に、「給与所得の概算控除の合憲性」、憲法14条1項が定める平等原則に違反しないかの問題について、その考え方を検討する。

① 給与所得の概算控除

　当時においても現在においても、所得税法では、所得についてその性質や取得の原因により、10種類に分けられていること、事業所得については実額での必要経費の控除が認められ（所法37①）、給与所得については所得税法が定める「給与所得控除額」についてのみ控除が認められている（概算控除。所法28②・③）ことは変わりない（ただし、現在は特定支出控除の例外規定がある〔所法57の2〕）。

　この点について、最高裁は、所得税法が事業所得者と給与所得者で「必要経費」の算定方法について「異なる扱い」（判決では「区別」という言葉を使っている）をしていることを認めている（★1）。異なる扱い（区別）をしている以上、憲法が定める平等原則（法の下の平等）に違反するのではないか。そう思われるかもしれないが、必ずしも、そうなるわけではない。後述のように、憲法14条1項の平等原則は「合理的な区別」であれば許されると考えられているからである（★4）。

② 憲法14条1項（平等原則）違反の問題

　以上を前提に、最高裁は、事業所得者と給与所得者で必要経費の控除方法が異なる「区別」について、憲法14条1項違反があるかの検討に入っている（★2）。

　ちなみに違憲（憲法違反）の判決は、この14条1項（平等原則）違反が問題になるものが多い。最近でいえば「1票の価値」に関する選挙無効確認訴訟（違憲状態）しかり、非嫡出子の相続分を嫡出子の2分の1と定めた民法900条ただし書前段が違憲とされた訴訟しかりである。

　それは、憲法14条1項が「人種、信条、性別、社会的身分又は門地によ」る「差別」を禁止しているからである（★3）。

③ 憲法14条1項の違憲審査基準

　しかし憲法14条1項が禁止しているのは、あくまで上記のような「差別」であり、単なる区別（した取扱い）ではない。

　区別という意味ではこの給与所得者の実額控除もそうであるし、租税法でいえば租税特別措置法の要件を満たした者に対する優遇などでは「区別」が多々あるが、「違憲」とは考えられていない。それは、「合理的理由のない差別」が禁じられているのであり、「合理的な区別」は許容されていると解されているからである（★4）。これを「相対的平等」という（逆に、理由を問わず区別を全て禁止することを「絶対的平等」という）。

　この点は、憲法の初学者にとって最初につまずきがちな重要ポイントである。

　「区別」があれば違憲なのではなく、区別がある場合そこに「合理的な理由」があるかを検討しなければならないのである。

CASE 3 ▶ 給与所得の概算控除の合憲性
―― 事業所得と比べて不平等ではないか？（下）

> **最（大）判昭60.3.27・民集39巻2号247頁**

（前項の続き）

　……租税法の定立については、国家財政、社会経済、国民所得、国民生活等の実態についての正確な資料を基礎とする立法府の政策的、技術的な判断にゆだねるほかはなく、裁判所は、基本的にはその裁量的判断を尊重せざるを得ないものというべきである（★1）。そうであるとすれば、租税法の分野における所得の性質の違い等を理由とする取扱いの区別は、その立法目的が正当なものであり、かつ、当該立法において具体的に採用された区別の態様が右目的との関連で著しく不合理であることが明らかでない限り、その合理性を否定することができず、これを憲法14条1項の規定に違反するものということはできないものと解するのが相当である（★2）。

　……旧所得税法が給与所得に係る必要経費につき実額控除を排し、代わりに概算控除の制度を設けた目的は、給与所得者と事業所得者等との租税負担の均衡に配意しつつ、右のような弊害を防止することにあることが明らかであるところ、租税負担を国民の間に公平に配分するとともに、租税の徴収を確実・的確かつ効率的に実現することは、租税法の基本原則であるから、右の目的は正当性を有するものというべきである（★3）。

　……給与所得者の職務上必要な諸設備、備品等に係る経費は使用者が負担するのが通例であり、また、職務に関し必要な旅行や通勤の費用に充てるための金銭給付、職務の性質上欠くことのできない現物給付などがおおむね非課税所得として扱われていることを考慮すれば、本件訴訟における全資料に徴しても、給与所得者において自ら負担する必要経費

の額が一般に旧所得税法所定の前記給与所得控除の額を明らかに上回るものと認めることは困難であって、右給与所得控除の額は給与所得に係る必要経費の額との対比において相当性を欠くことが明らかであるということはできないものとせざるを得ない（★4）。

……旧所得税法が必要経費の控除について事業所得者等と給与所得者との間に設けた前記の区別は、合理的なものであり、憲法14条１項の規定に違反するものではないというべきである（★5）。

本項のポイント

前項に続き、給与所得控除額（概算控除）の合憲性が争われた最高裁昭和60年大法廷判決を検討する（大島訴訟）。ポイントは、端的にいえば、事業所得者には実額での必要経費の控除が認められているのに、給与所得者には所得税法が定める給与所得控除額（概算控除）しか認められていないことが不平等ではないか（つまり、憲法14条１項が保障する平等原則に違反しないか）、ということである。

前項では、同判決が、平等原則（憲法14①）の合憲性を判定する基準として、合理的理由があるかどうかを示していること（相対的平等）までを解説した。

これに続いて、同判決は、上記の判示をしている。

① 租税立法における立法裁量

(1) 国会の立法裁量

　国会が制定する法律は、主権者である国民から選挙により選ばれた代表者（国会議員）が決定するものであり（憲法1、15①、41、43①）、民主主義の反映であるため、司法府である裁判所はこうした立法府の判断を原則として尊重すべきであるとされている。これを「立法裁量」という。

　この点、非嫡出子の相続分を差別した民法の規定（平成25年改正前の民法900四ただし書前段）を平等原則（憲法14①）違反と判示した最高裁平成25年9月4日大法廷決定も「相続制度を定めるに当たっては、それぞれの国の伝統、社会事情、国民感情なども考慮されなければならない」などとして、「相続制度をどのように定めるべきかは、立法府の合理的な裁量判断に委ねられている」ことは認めている。

　立法裁量はあるけれど、合理的な理由のない差別であるとの判示であった。

(2) 租税法における立法裁量

　こうした一般的な国会の立法裁量を前提に、本判決は、租税立法の特殊性を挙げている。租税立法では「政策的・技術的な判断」が特に求められるということである（★1）。

② 租税立法の合憲性判定基準（憲法14①）

　立法裁量が広く認められるため、本判決は、租税立法が平等原則（憲法14①）に違反するかどうかの判定は、緩やかな基準で足りるとしている（★2）。

　具体的には、①立法目的が正当で、②区別の態様が目的達成との関連で著しく不合理であることが明らかでない限り、合憲（憲法14条1項には違反しない）という基準を採用しているからである。

法令が違憲であるかどうかは最高裁判所の違憲立法審査権の行使の場面であるが（憲法81）、どのような基準で判定すべきかについては憲法にまったく書かれていない。憲法判例を検討する際には、こうした判断基準（違憲審査基準ともいう）に刮目（かつもく）することが必要にある。

　これは最高裁大法廷の判決であるから、先例性がある。もし、租税法の規定が不平等（憲法14条1項違反）であると裁判で主張する場合、この基準に沿って主張を展開する必要があるということである。

　判例変更がない限り、裁判所はこの基準を用いるからである（先例の事実上の拘束力）。

③ 当てはめ

　上記の基準に従い本判決は、給与所得に実額控除を認めていなかった旧所得税法の規定の①目的の正当性（★3）と、②区別の態様に著しい不合理性があるか（★4）を検討している。そして、結論としては合理的なものなので違反しないとしている（★5）。

　ただし、補足意見では「是正に向けての早急かつ積極的な努力が払われなければならない」（木戸口裁判官）、「概算控除と実額控除とのいずれかを任意に選び得るという選択制の採用の問題をも含めて……幅広い検討が期待される」（島谷裁判官）といった考えも示された。

　これを受けて昭和62年の所得税法改正で「特定支出控除」が創設された。さらに使い勝手をよくするため、要件を緩和する改正が平成24年になされた。

　租税立法が違憲と判断された例は、日本にはない。広い立法裁量があるからであるが、法改正の動きをつくることはできる。

CASE 4 ▶ 課税最低限と生存権（憲法25条）

> 最（三小）判平元.2.7・訟月35巻6号1029頁

　憲法25条にいう「健康で文化的な最低限度の生活」なるものは、きわめて抽象的・相対的な概念であって、その具体的内容は、その時々における文化の発達の程度、経済的・社会的条件、一般的な国民生活の状況等との相関関係において判断決定されるべきものであるとともに、右規定を現実の立法として具体化するに当たっては、国の財政事情を無視することができず、また、多方面にわたる複雑多様な、しかも高度の専門技術的な考察とそれに基づいた政策的判断を必要とするものである（★1）。したがって、憲法25条の規定の趣旨にこたえて具体的にどのような立法措置を講ずるかの選択決定は、立法府の広い裁量にゆだねられており、それが著しく合理性を欠き明らかに裁量の逸脱・濫用と見ざるをえないような場合を除き、裁判所が審査判断するのに適しない事柄であるといわなければならない（★2）（最高裁昭和51年（行ツ）第30号同57年7月7日大法廷判決・民集36巻7号1235頁）。…しかるに、本件の場合、上告人らは、もっぱら、そのいうところの昭和46年の課税最低限がいわゆる総評理論生計費を下まわることを主張するにすぎないが、右総評理論生計費は日本労働組合総評議会（総評）にとっての望ましい生活水準ないしは将来の達成目標にほかならず、これをもって「健康で文化的な最低限度の生活」を維持するための生計費の基準とすることができないことは原判決の判示するところであり、他に上告人らは前記諸規定が立法府の裁量の逸脱・濫用と見ざるをえないゆえんを何ら具体的に主張していないから、上告人らの憲法25条、81条違反の主張は失当といわなければならない（★3）。

本項のポイント

　前項では、所得税法上、給与所得者には概算控除しか認められていないことが（現在は要件を満たせば特定支出控除もあるが、当時はなかった）、事業所得者に必要経費の控除（実額控除）が認められていることに比して不平等ではないか（憲法14条1項に係る平等原則違反）が争われた事例を扱った（最〔大〕判昭60.3.27・民集39巻2号247頁）。

　本項では、上記の論点に加えて、給与所得に係る課税制度（所得税法が定める所得控除の規定）が、憲法25条が保障している「健康で文化的な最低限度の生活」（生存権）を侵害するのではないかと争った事件（総評サラリーマン訴訟）の最高裁判決を取り上げる。

　「所得控除」には、基礎控除、配偶者控除、扶養控除などがある。これらの所得控除（人的控除）の制度や金額は、所得税法で定められている。

　特に基礎控除は「課税最低限」とも呼ばれ、給与所得者の場合であれば、基礎控除（38万円）と給与所得控除額（65万円）とあわせた103万円については、所得を得ても課税されない仕組みとなっている（所法86、28②・③）。なお、配偶者控除や扶養控除も、課税最低限を構成するといわれている。

　こうした「課税の最低ライン」（課税最低限）は、憲法25条が保障した生存権と関係しているといわれている。

　憲法が保障する生存権との関係で、所得税法はどこまで「課税最低限」を定める必要があるのか、という問題である。

① 生存権（憲法25）の意義

　税務訴訟で憲法論というと「租税法律主義」がそのほとんどを占めているようなイメージがあるとかもしれない。実際、租税について直接規定をした憲法の条文は「租税法律主義」を定めた84条と、納税の義務を定めた30条の2つのみである（この2つの条文は、日本税理士会連合会編集『税務六法』［ぎょうせい］の冒頭にも収録されている）。

　しかし、本件では所得税法が定める「課税最低限」（人的控除）が、憲法25条が保障する「生存権」を侵害しているのではないか、という争いになっている。

　ここで憲法25条の条文を確認しておくと、以下のとおりである。すなわち、1項では「すべて国民は、健康で文化的な最低限度の生活を営む権利を有する。」とあり、2項では「国は、すべての生活部面について、社会福祉、社会保障及び公衆衛生の向上及び増進に努めなければならない。」とある。

　生存権は「社会権」に分類される。表現の自由などの「自由権」が国家からの干渉を排除する人権（国家からの自由）であるのに対し、「社会権」は国家に給付などを求める人権であり「国家による自由」といわれる。

　福祉国家の考え方から生まれた、憲法の潮流のなかでは新しい人権であり、日本国憲法でもGHQ案にはなく、国会（帝国議会）の審議のなかで森戸辰男による発案で追加された規定だといわれている。

② 生存権（憲法25）の法的性格

　しかし生存権は、国からの具体的な給付を実現する必要があるため、現実には個々の「立法」が必要になる。所得税法が定める課税最低限も、所得税法で規定されている。こうした法律（税法）に存

在する規定（あるいは存在しない規定）について、裁判所（司法権）が、生存権侵害を裁判で判断することはむずかしく、この判決が示すように、広い立法裁量に委ねられていると考えられている（★❶ ★❷）。

生存権の法的性格をめぐっては、いわゆるプログラム規定（訓示規定）なのか法的権利なのかという争いがある。法的権利であるとしても立法が必要になる点で具体的権利とまではいえず、抽象的権利にとどまると考えるのが一般的である。

③ 生存権侵害の違憲審査基準

広い立法裁量が認められる生存権の実現については、法律に対する違憲審査も緩やかな基準が採用されている。裁量の逸脱・濫用というのは例外事情であり、そうした例外事情がない限りは違憲とはならない（★❷ ★❸）。

④ 課税最低限

生存権侵害を裁判で訴えることは、このように非常に困難を伴う。しかし、所得税法にいう所得控除（人的控除）が、生存権（憲法25）の要請から存在している点は、税の仕組みを立法政策として考える際の視点として持っておくとよい。

CASE 5 ▶ 源泉徴収制度の合憲性

> **最（大）判昭37.2.28・刑集16巻2号121頁**

　給与所得者に対する所得税の源泉徴収制度は、これによって国は税収を確保し、徴税手続を簡便にしてその費用と労力とを節約し得るのみならず、担税者の側においても申告、納付等に関する煩雑な事務から免かれることができる。また徴収義務者にしても、給与の支払をなす際所得税を天引しその翌月10日までにこれを国に納付すればよいのであるから、利するところ全くなしとはいえない（★1）。されば源泉徴収制度は、給与所得者に対する所得税の徴収方法として能率的であり、合理的であって、公共の福祉の要請にこたえるものといわなければならない（★2）。（略）源泉徴収義務者の徴税義務は憲法の条項に由来し、公共の福祉によって要請されるものであるから、この制度は所論のように憲法29条1項に反するものではなく（★3）……

　……租税はすべて最も能率的合理的な方法によって徴収せらるべきものであるから、同じ所得税であっても、所得の種類や態様の異なるに応じてそれぞれにふさわしいような徴税の方法、納付の時期等が別様に定められることはむしろ当然であって、それ等が一律でないことをもって憲法14条に違反するということはできない（★4）。法は、給与の支払をなす者が給与を受ける者と特に密接な関係にあって、徴税上特別の便宜を有し、能率を挙げ得る点を考慮して、これを徴税義務者としているのである（★5）。（略）かような合理的理由ある以上これに基いて担税者と特別な関係を有する徴税義務者に一般国民と異なる特別の義務を負担させたからとて、これをもって憲法14条に違反するものということはできない（★6）。

本項のポイント

　前項では、所得税法が定める基礎控除などの所得控除が「課税最低限」として十分ではなく、憲法25条が保障する生存権侵害ではないかが争われた事案を扱った。

　本項では、所得税法が定める源泉徴収制度について、憲法違反ではないかが争われた事案を取り上げる。

　源泉徴収制度については、担税者（本来の納税義務者）ではない支払者に源泉所得税の納税義務が課されるもので、実際には徴税の便宜のために、国に代わって徴税を代行させている制度であり、批判もあるところである。

　しかし給与所得者にとっては、この制度によって原則として確定申告から解放されている。年末調整とあわせることで、自主的な納付手続をすることなく「納税の義務」を果たせる仕組みになっているからである。申告納税制度が原則であるが、現実には給与所得者にとっては、源泉徴収制度のほうがなじみがある。

　しかし、法律が定めた仕組みに過ぎないため、憲法違反があれば無効になり得る。古い判決ではあるが、最高裁昭和37年2月28日大法廷判決は、主として、①財産権（憲法29①）侵害といえるか否か、②平等原則（憲法14①）違反といえるか否かの、2つの観点から判断を下している。

① 源泉徴収制度と財産権（憲法29①）侵害

（1）源泉徴収制度

　所得税法は、納税者による自主的な申告を原則としているが（申告納税制度）、給与等に対する支払等については、支払者に所定の源泉所得税を徴収させ、翌月10日までに税務署に納付させる仕組みを設けている（源泉徴収制度：所法181、183、199等）。

　担税者（受給者）は申告・納付の手間が省けるし、徴収義務者（支払者）も天引きすればよいだけであり（徴収から納付までの間の金利を考えると）メリットがなくはないという論旨（★1）であるが、本当のところは「徴税の便宜」と考えることができる。

（2）合憲性

　したがって、合理性があり公共の福祉に合致するとの論旨から（★2）、財産権侵害はないとの判示である（★3）。しかし、「徴収の便宜」のために源泉徴収義務者に支払があるたびに徴収義務を課しているにもかかわらず、それを怠ると不納付加算税が課され（通則法36）、不納付犯として刑事罰の対象にもなり得る（所法240）こと、加算税の負担については、受給者に求償すること（所法222）はできない（最〔一小〕判昭45.12.24・民集24巻13号2243頁参照）ことへの配慮は欠落している。

　もっとも、第三者に納税の義務を課すことが、財産権侵害があるかというと、判示が示すとおり、そこまではいえないだろう。

② 源泉徴収制度と平等原則（憲法14①）違反

　次に問題とされたのが、平等原則との関係である。平等原則については、1つは徴収の方法が一律であるべきかどうかについて判断され、この点は最も効率のよい手段であればよいという理由から、許される（合憲である）と判示された（★4）。

　また、源泉徴収義務者が一般国民と異なり特別の義務を負担させ

られる点についても、「支払をなす者が給与を受ける者と特に密接な関係にあって、徴税上特別の便宜を有し、能率を挙げ得る点を考慮して、これを徴税義務者としている」ことを理由に（★5）、平等原則違反はないと判示した（★6）。

CASE 2、3で取り上げた大島訴訟（最［大］判昭60.3.27・民集39巻2号247頁）の判断枠組みに照らすと、その区別が著しく不合理であることが明らかまでとはいえないと考えられる。

③ 源泉徴収義務をめぐる諸問題との関係

問題は、源泉徴収制度が違憲かどうかではなく、個別具体的に源泉徴収義務が課された場面をみて、当該支払が所得税法所定の条文に該当する「支払」であるとの解釈及び当てはめが、本最高裁判決が判示した（★5 ★6）の規範に照らし妥当であるかどうかである。この点、破産管財人が破産宣告後に支払った退職手当等について、所得税法199条の源泉徴収義務は負わないと判示した最高裁平成23年1月14日第二小法廷判決・民集65巻1号1頁が参考になる。

同判決は本判決を引用し、破産管財人には「使用者と労働者に準ずるような特別に密接な関係」はないとの理由で、源泉徴収義務を否定している。

CASE 6 ▶ 酒類販売免許制度の合憲性

> **最（三小）判平4.12.15・民集46巻9号2829頁**

　職業の自由に対する規制措置は事情に応じて各種各様の形をとるため、…具体的な規制措置について、規制の目的、必要性、内容、これによって制限される職業の自由の性質、内容及び制限の程度を検討し、これらを比較考量した上で慎重に決定されなければならない（★1）。

　…租税法の定立については、国家財政、社会経済、国民所得、国民生活等の実態についての正確な資料を基礎とする立法府の政策的、技術的な判断にゆだねるほかはなく、裁判所は、基本的にはその裁量的判断を尊重せざるを得ない…（最高裁昭和…60年3月27日大法廷判決・民集39巻2号247頁参照）（★2）。

　…租税の適正かつ確実な賦課徴収を図るという国家の財政目的のための職業の許可制による規制については、その必要性と合理性についての立法府の判断が、右の政策的、技術的な裁量の範囲を逸脱するもので、著しく不合理なものでない限り、これを憲法22条1項の規定に違反するものということはできない（★3）。

　…酒税法は、酒税の確実な徴収とその税負担の消費者への円滑な転嫁を確保する必要から、このような制度を採用したものと解される（★4）。

　酒税が、沿革的に見て、国税全体に占める割合が高く、これを確実に徴収する必要性が高い税目であるとともに、酒類の販売代金に占める割合も高率であったことにかんがみると、酒税法が…酒税の適正かつ確実な賦課徴収を図るという国家の財政目的のために、このような制度を採用したことは、当初は、その必要性と合理性があったというべきであり、…酒税の適正かつ確実な賦課徴収を図るという重要な公共の利益のために採られた合理的な措置であったということができる（★5）。その後

の社会状況の変化と租税法体系の変遷に伴い、酒税の国税全体に占める割合等が相対的に低下するに至った本件処分当時の時点においてもなお、酒類販売業について免許制度を存置しておくことの必要性及び合理性については、…酒税の賦課徴収に関する仕組みがいまだ合理性を失うに至っているとはいえない…当時においてなお酒類販売業免許制度を存置すべきものとした立法府の判断が、前記のような政策的、技術的な裁量の範囲を逸脱するもので、著しく不合理であるとまでは断定し難い（★6）。

本項のポイント

前項では、源泉徴収制度の合憲性が争われた最高裁判決を扱った。源泉徴収制度は、担税者ではない支払者に徴収納付義務を負わせる点で、①財産権侵害（憲法29）、②平等原則違反（憲法14）ではないかと問題提起された。しかし、最高裁は合憲と判断した。

もっとも、破産管財人の源泉徴収義務が争われた最高裁平成23年1月14日第二小法廷判決・民集65巻1号1頁においても、上記最高裁判決の判示が土台になっている部分があり、その重要性は今日においても失われていない。

本項では、酒類販売に免許制を採用している我が国の立法政策について、職業選択の自由（憲法22①）を侵害しないかが争われた事件の最高裁判決を取り扱う。

税に関する訴訟で憲法論が生じる場合、①84条（租税法律主義）、②14条1項（平等原則）、③29条1項（財産権）の3つが問題になることが多い（ただし、CASE 4は25条だった）。しかし、本件では、職業選択の自由（ないし営業の自由）を定めた22条1項が問題になっている。

しかし、CASE2、3で取り上げた大島訴訟（最判〔大〕昭60.3.27・民集39巻2号247頁）が、本件における最高裁判決でもベースになっている。大島訴訟判決の理解が重要であることを、改めて確認できる判決である。

① 営業の自由

上記判示部分では省略したが、冒頭で本判決は、憲法22条1項の職業選択の自由に、選択した職業を遂行するための自由である「営業の自由」も含まれることを判示している。憲法論としては、1つの論点であり、肯定説が判例・通説である。いったん選択した職業を遂行する自由まで保障されなければ、職業選択の自由を保障した意味がなくなるからである。

② 職業の自由についての違憲審査基準

こうした営業の自由を含んだ職業の自由について規制をした立法（法律）が憲法22条1項に違反するかどうかについては、諸事情を比較した上で慎重な判断がされなければならない。このような一般論が判示されている（★1）。

③ 租税立法と憲法22条1項

続いて、（★2）で大島訴訟判決を引用し、租税立法については、専門技術性がある事項であることから、基本的には立法府（国会）の裁量事項であることが確認されている。

このことと相まって、租税立法について憲法22条1項（職業の自由）違反がないかを判定する方法として、「立法府の判断が、右の政策的、技術的な裁量の範囲を逸脱するもので、著しく不合理なものでない限り」は合憲である旨の違憲審査基準が示されている（★3）。

これは大島訴訟判決と並び、緩やかな基準といえるため、違憲になる可能性が少なくなる結果をもたらす判断枠組み（基準）になっている。

④ 当てはめ

　以上を前提に、まず、立法当時における合理性の検証を行っている。

　具体的には、「酒税の適正かつ確実な賦課徴収を図るという国家の財政目的」を認定した上で、制定当時においては合理的な措置であったと判示されている（★4 ★5）。

　続いて、「その後の社会状況の変化と租税法体系の変遷に伴い、酒税の国税全体に占める割合等が相対的に低下するに至った本件処分当時の時点に」ついても検討し、なお合理性は失われていないと判示されている（★6）。

　立法事実としての合理性を、制定時のみならず適用時においても検討する手法は、通達の合理性ではあるが、東京高裁平成25年2月28日判決・裁判所HPでも採られている。

　しかし、本件は著しく不合理であると断定できない限り合憲という緩やかな基準がとられているため、結論は合憲となった。

　ただし、時代の変遷により、結論が変わる可能性も秘めた判決ともいえる。

CASE 7 ▶ 所得税法56条の合憲性

> **最（三小）判平16.11.2・訟月51巻10号2615頁**

　所得税法56条は、事業を営む居住者と密接な関係にある者がその事業に関して対価の支払を受ける場合にこれを居住者の事業所得等の金額の計算上必要経費にそのまま算入することを認めると、納税者間における税負担の不均衡をもたらすおそれがあるなどのため、居住者と生計を一にする配偶者その他の親族がその居住者の営む事業所得等を生ずべき事業に従事したことその他の事由により当該事業から対価の支払を受ける場合には、その対価に相当する金額は、その居住者の当該事業に係る事業所得等の金額の計算上、必要経費に算入しないものとするなどの措置を定めている（★❶）。

　…同法56条の上記の立法目的は正当であり、同条が上記のとおり要件を定めているのは、適用の対象を明確にし、簡便な税務処理を可能にするためであって、上記の立法目的との関連で不合理であるとはいえない（★❷）。このことに、同条が前記の必要経費算入等の措置を定めていることを併せて考えれば、同条の合理性を否定することはできないものというべきである（★❸）。他方、同法57条1項は、青色申告書を提出することにつき税務署長の承認を受けている居住者と生計を一にする配偶者その他の親族で専らその居住者の営む前記の事業に従事するのが当該事業から給与の支払を受けた場合には、所定の要件を満たすときに限り、政令の定める状況に照らしその労務の対価として相当であると認められるものの限度で、その居住者のその給与の支給に係る年分の当該事業に係る事業所得等の金額の計算上、必要経費に算入するなどの措置を規定し、同条3項は、上記以外の居住者に関しても、同人と生計を一にする配偶者その他の親族で専らその事業に従事するものがいる場合について

一定の金額の必要経費への算入を認めている（★4）。これは、同法56条が上記のとおり定めていることを前提に、個人で事業を営む者と法人組織で事業を営む者との間で税負担が不均衡とならないようにすることなどを考慮して設けられた規定である（★5）。同法57条の上記の趣旨及び内容に照らせば、同法が57条の定める場合に限って56条の例外を認めていることについては、それが著しく不合理であることが明らかであるとはいえない（★6）。

以上によれば、本件各処分は、同法56条の適用を誤ったものではなく、憲法14条1項に違反するものではない（★7）。このことは、当裁判所の判例（最高裁昭和55年（行ツ）第15号同60年3月27日大法廷判決・民集39巻2号247頁）の趣旨に徴して明らかである（★8）。

本項のポイント

前項では、酒類販売の免許制について、職業選択の自由（憲法22①）を侵害しないかが争われた事件の最高裁判決を扱った。職業選択の自由（営業の自由）が問題になった税務訴訟判決は少ないが、この判決も、CASE 2、3で取り上げた大島訴訟（最〔大〕判昭60.3.27・民集39巻2号247頁）が骨組みを構成していた。

本項では、これまで扱った事件と異なり、比較的新しい判例を取り上げる。

といっても平成16年の判決なので10年以上の経過はあるが、「妻弁護士事件（弁護士妻事件）」といったネーミングで話題を呼んだ事件である。

同種事案に「妻税理士事件（税理士妻事件）」もあるが、取り上げる判決は、妻弁護士事件である。現在の『租税判例百選〔第6版〕』（有斐閣、2016年）にも登載されている重要判例である。

問題になった所得税法56条の規定は、課税単位を個人と捉える日本の所得税法のなかで（個人単位主義）、例外的に世帯（夫婦等）

単位で捉える規定である。

これが「法の下の平等」を定めた憲法14条1項（平等原則）に違反しないかが争われ、最高裁判所が正面から答えを出した。

特に、配偶者控除の廃止論など課税単位についての見直しの考え方も提言される今日においては、本判決を検討すべき要請は高まっているといえる。

（1）本判決のポイント

(1) 所得税法56条の解釈

憲法問題ではないので引用していないが、本判決は、まず所得税法56条（事業から対価を受ける配偶者等の親族がある場合の必要経費の特例）の解釈として、生計を一にする配偶者等が居住者と別に事業を営む場合でも、同条の要件を満たす限り、適用されることを判示した。

この事案では、妻が弁護士であり、夫とは別の事務所で独立して事業を営んでいたからである。

(2) 憲法14条違反の有無

その上で、上記引用のとおり、上記のように解釈し本件に所得税法56条を適用した課税処分が、憲法14条1項違反しないかが検討された。

結論としては、★7のとおり合憲であるとの判断が下された。

（2）判断枠組み

★8に引用されている判決は大島訴訟判決である。本書で繰り返し登場する同判決の判断枠組みが参考にされていることがわかる。

具体的には、①立法目的の正当性、②区別の態様が当該目的との

関係で著しく不合理であることが明らかであるかを検討するという基準である（最〔大〕判昭60.3.27・民集39巻2号247頁参照）。

③ 具体的検討

（1）立法目的
本判決は、所得税法56条の趣旨を認定した上で（★1 ★2）及び★3で、その立法目的が正当であることを判示している。

（2）区別の態様
その上で、青色申告者についての特例（例外）を定めた所得税法57条の規定の存在（★4）及び趣旨（★5）についても検討し、「著しく不合理であることが明らかであるとはいえない」と判示している（★6）。

（3）その他
憲法論ではないため省略をしたが、本判決は、生計を一にする配偶者が事業を営んでいる場合でも、所得税法56条の適用は妨げられないと判示した。この部分にも先例性がある。

CASE 8 ▶ 課税単位

最（大）判昭36.9.6・民集15巻8号2047頁

　先ず憲法24条の法意を考えてみるに、（略）それは、民主主義の基本原理である個人の尊厳と両性の本質的平等の原則を婚姻及び家族の関係について定めたものであり、男女両性に本質的に平等であるから、夫と妻との間に、夫たり妻たるの故をもつて権利の享有に不平等な扱いをすることを禁じたものであつて、結局、継続的な夫婦関係を全体として観察した上で、婚姻関係における夫と妻とが実質上同等の権利を享有することを期待した趣旨の規定と解すべく、個々具体の法律関係において、常に必ず同一の権利を有すべきものであるというまでの要請を包含するものではないと解するを相当とする（★1）。

　次に、民法762条1項の規定をみると、夫婦の一方が婚姻中の自己の名で得た財産はその特有財産とすると定められ、この規定は夫と妻の双方に平等に適用されるものであるばかりでなく、所論のいうように夫婦は一心同体であり一の協力体であって、配偶者の一方の財産取得に対しては他方が常に協力寄与するものであるとしても、民法には、別に財産分与請求権、相続権ないし扶養請求権等の権利が規定されており、右夫婦相互の協力、寄与に対しては、これらの権利を行使することにより、結局において夫婦間に実質上の不平等が生じないよう立法上の配慮がなされているということができる（★2）。しからば、民法762条1項の規定は、前記のような憲法24条の法意に照らし、憲法の右条項に違反するものということができない（★3）。

　それ故、本件に適用された所得税法が、生計を一にする夫婦の所得の計算について、民法762条1項によるいわゆる別産主義に依拠しているものであるとしても、同条項が憲法24条に違反するものといえないこと

は、前記のとおりであるから、所得税法もまた違憲ということはできない（★4）。

本項のポイント

　前項では、妻弁護士事件の最高裁判決を取り上げた。所得税法56条の規定は、課税単位を個人と捉える日本の所得税法のなかでは（個人単位主義）、例外的に世帯（夫婦等）単位で捉える規定となっているが、これが憲法14条１項（平等原則）に違反しないかが争われた訴訟であった。

　これに続けて本項では、「課税単位」が正面から問題とされた古い最高裁判決を取り上げる。上記事件が平成16年であったのに対し、本事件は昭和36年の判決である。憲法24条という夫婦間の平等を特に定めた（一般的な平等原則とは別にさらに別の条文で定められている点に、日本の憲法の特色がある）規定との関係が問題とされた。

① 納税者の主張

(1) 納税者の行った申告

この訴訟の原告（控訴人、上告人）である納税者は、給与所得及び事業所得について、妻の協力によって得られた所得であるとの考えから、それぞれ2分の1に分けた上で、原告（夫）の所得として、また残りの2分の1を妻の所得として申告をした。

(2) 課税単位を夫婦で捉えた場合

これは、課税単位の議論として「立法論」を考える際にはよく紹介される、いわゆる「2分2乗方式」による申告ということができる。課税の単位を（現行所得税法の原則である）個人ではなく、夫婦（あるいは世帯）などのグループで捉えた場合、単純に合計額について税率を適用してしまうと、高い累進税率がそのまま適用されることになる。そこで、まず（夫婦の場合であれば）、2人で所得を割って（2分の1とし）、そこに税率を適用してから、税額を2倍にする考えである。

これによって高い累進税率がそのまま適用されることを緩和することができる。

(3) 納税者の主張

納税者の主張は、民法762条1項は、憲法24条に違反するというものだった。原判決は、夫婦別産制を定めた民法762条1項の規定は、憲法24条に違反するものではないと判示した。そして、この（違憲ではない）民法の規定を前提に、所得ある者に所得税を課することとした所得税法も、違憲にはならないと判示した。しかしこれを不服として、納税者は上告を行った。

② 判決のポイント

(1) 憲法24条の趣旨

本判決は、まず夫婦及び男女の平等を定めた憲法24条の規定に

つき、両性の本質的平等を定めた規定であることを確認し、他方で、「常に必ず同一の権利を有すべきものであるというまでの要請を包含するものではないと解す」べきであると判示した（★1）。

平等原則を定めた14条1項が、これまで本書でみてきたように、すべてを同一に取り扱うことを求める（絶対的平等）のではなく、合理的理由がある場合にその理由に着目して異なる扱いをすること（相対的平等）は、許されると考えられている点を前提にすると、理解しやすいであろう。

（2）民法762条の規定

以上を前提に、夫婦別産制度を定めた民法762条1項の規定について、最高裁は、離婚をした場合には財産分与の規定や相続の規定などが適用されるなどとし、夫婦である間にいずれかの配偶者が自己の名前で取得した財産であっても、最終的には実質的には平等になるように調整が図られている点に言及した（★2）。

（3）民法762条1項の規定の合憲性

以上の理由から、最高裁は「民法761条1項の規定は、前記のような憲法24条の法意に照らし、憲法の右条項に違反するものということができない」と判示した（★3）。

（4）結　論

以上は、憲法24条と夫婦別産制を定めた民法762条1項との関係の議論であった。しかし、最高裁は以上の議論から、ほぼストレートに、所得税法における課税単位の問題についても結論を出している。もっとも、所得税法が個人単位の原則を採用していることは条文上明らかであり（所法5①・②）、それが立法政策上の裁量を超えて、違憲になるかという議論に行きつくことを考えれば、結論としては妥当と考えるほかない（★4）。

近年、配偶者控除の見直しが検討されている（平成29年度税制改正で所得金額等の要件が変えられた）。今後、課税単位を憲法の理念に照らし、どのように立法に反映すべきかも問われる。

CASE 9 ▶ 遡及的変更と租税法律主義

> **最（二小）判平23.9.30・判タ1359号75頁**

　……長期譲渡は既存の租税法規の内容を前提としてされるのが通常と考えられ、また、所得税が1暦年に累積する個々の所得を基礎として課税されるものであることに鑑みると、改正法施行前にされた上記長期譲渡について暦年途中の改正法施行により変更された上記規定を適用することは、これにより、所得税の課税関係における納税者の租税法規上の地位が変更され、課税関係における法的安定に影響が及び得るものというべきである（★1）。

　憲法84条は、課税要件及び租税の賦課徴収の手続が法律で明確に定められるべきことを規定するものであるが、これにより課税関係における法的安定が保たれるべき趣旨を含むものと解するのが相当である（最高裁平成12年（行ツ）第62号、同年（行ヒ）第66号同18年3月1日大法廷判決・（略）参照）（★2）。そして、法律で一旦定められた財産権の内容が事後の法律により変更されることによって法的安定に影響が及び得る場合、当該変更の憲法適合性については、当該財産権の性質、その内容を変更する程度及びこれを変更することによって保護される公益の性質などの諸事情を総合的に勘案し、その変更が当該財産権に対する合理的な制約として容認されるべきものであるかどうかによって判断すべきものであるところ（最高裁昭和48年（行ツ）第24号同53年7月12日大法廷判決・（略）参照）、上記（1）のような暦年途中の租税法規の変更及びその暦年当初からの適用によって納税者の租税法規上の地位が変更され、課税関係における法的安定に影響が及び得る場合においても、これと同様に解すべきものである（★3）。（略）したがって、暦年途中で施行された改正法による本件損益通算廃止に係る改正後措置法の規定

の暦年当初からの適用を定めた本件改正附則が憲法84条の趣旨に反するか否かについては、上記の諸事情を総合的に勘案した上で、このような暦年途中の租税法規の変更及びその暦年当初からの適用による課税関係における法的安定への影響が納税者の租税法規上の地位に対する合理的な制約として容認されるべきものであるかどうかという観点から判断するのが相当と解すべきである（★4）。

本項のポイント

　前項では、昭和36年の最高裁判決を取り上げ、憲法24条が定める夫婦間の平等を定めた規定と所得税法が定める取扱いとの関係について争点となった事案を扱った。税の話とは直接関係ないが、この憲法24条の規定（両性の本質的平等）は、GHQ民政局のメンバーで、当時は20代であったベアテ・シロタ・ゴードンの提案からできた。日本に滞在経験があり、「日本の女性は自分の意思で結婚できずにかわいそうだ」と感じていたゴードンの想いからできた条文であるといわれている。

　集団的自衛権についての閣議決定が、平成26年7月1日になされた。きわめて限定的なかたちでの新3要件が示された。安全保障法制の改正もなされた。

　しかし、憲法9条のしばりは、新解釈においても相当程度効いている。こうして、さらなる国防を図るため、憲法改正の議論が本格化することになった。本書は租税に関する憲法訴訟を扱っているが、わたしたちが日本国憲法を学ぶべき要請は、時代の趨勢としてきわめて高まっている。

　本項では、比較的新しい最高裁判決を取り扱う。損益通算の廃止を定めた法改正（措法31）の適用を、4月1日施行であるにもかかわらず、同年の1月1日からの取引を対象とすることとされたため（措法改正附則27①）、遡及立法禁止の原則に違反するのではないかが争われた事案である。

① 下級審における違憲判決

この訴訟では、上記のとおり、遡及立法禁止の原則に違反するのではないか、というかたちで、附則で定められた施行時期に憲法違反があるとの主張が、納税者からなされた。この点について下級審では、第1審（東京地判平20.2.14・訟月56巻2号197頁）、控訴審（東京高判平21.3.11・訟月56巻2号176頁）ともに合憲の判断であった。

しかし、同種事件における別件訴訟では、同じ争点について、許されない遡及立法であり、憲法違反であるとの判示もなされていた（福岡地判平20.1.29・判タ1262号172頁は「本件改正は、上記特例措置の適用もなく、損益通算の適用を受けられなくなった原告に適用される限りにおいて、租税法規不遡及の原則（憲法84条）に違反し、違憲無効というべきである。」と判示していた〔ただし、同判決は控訴審である福岡高判平20.10.21・判タ1294号98頁で取り消されている〕）。

② 合憲とした本判決（最高裁判決）の考え方

しかし、最高裁は、上記判示のような判断枠組みを示した上で（★4）、合憲との結論を示した（同種事件である最〔一小〕判平23.9.22・民集65巻6号2756頁もほぼ同旨の判断を下している）。

この点については、上記判示をよくみると、遡及立法禁止の原則が租税法律主義（憲法84）の一内容として含まれるかについて言及されていないことに気づく。本件における問題を「暦年途中の改正法施行」として、これによって「課税関係における納税者の租税法規上の地位が変更され」ると、「課税関係における法的安定に影響が及び得る」という捉え方をしている（つまり、本件を遡及立法と捉えていない）からである（★1）。

続いて本判決は、「憲法84条は、課税要件及び租税の賦課徴収の

手続が法律で明確に定められるべきことを規定するものであるが、これにより課税関係における法的安定が保たれるべき趣旨を含むものと解するのが相当である」（★2）と判示している。

　留意すべきは「趣旨」という点である。課税要件法定主義や課税要件明確主義は憲法84条（租税法律主義）の内容であるが、「課税関係における法定安定性」は「趣旨」の1つに過ぎないとされた。遡及立法禁止の原則（遡及課税禁止の原則）といった用語も登場していない。以上を前提に、財産権に関する制約についての違憲審査基準が本件にも妥当するものとされた（★3）。

　その上で、暦年途中の課税変更という問題についてさらに基準を立てている（★4）。しかし、結論は合憲とされた。

CASE 10 過大役員給与の規定の合憲性

> **札幌地判平11.12.10・判タ1046号112頁**

憲法84条は、租税は、法律又は法律の定める条件によるべきことを要求しているところ（租税法律主義）、その趣旨は、租税を課すことは国民から強制的に財産権を奪うものであり、国民の権利義務にかかわることである（略）。したがって、納税義務者、課税物件、課税標準、税率等の課税要件及び租税の賦課、徴収の課税手続は法律で定められなければならず（課税要件法律主義）、また、課税要件及び租税の賦課、徴収の手続は、明確に定められなければならない（課税要件明確主義）から、課税要件にかかわる租税法規は、できるだけ明確に定めることが求められる（★1）。しかし、他方において、経済事象は、複雑多様にして流動的なものであり、これに対応して損益や所得、資産の実質に応じた公平な課税を実施することが要請されることを考慮すれば、租税法規を常に明確かつ一義的に定めることは、到底困難というほかない。したがって、当該租税法規が不確定概念を用いているという一事だけで、直ちにこれが租税法律主義に反し、違憲であるということはできず、当該租税法規の目的とするところを合理的、客観的に解釈し、その法規が課税の根拠、要件を規定したものとして一般的に是認できる程度に具体的で客観的なものであれば、当該法規は租税法律主義に反せず、違憲ではないというべきである（★2）。

（略）令72条は、右の損金に算入しない金額は、法人がその退職した役員に対して支給した退職給与の額が、当該役員のその法人の業務に従事した期間、その退職の事情、その法人と同種の事業を営む法人でその事業規模が類似するものの役員に対する退職給与の支給の状況等に照らし、その退職した役員に対する退職給与として相当であると認められる

金額をこえる場合におけるそのこえる部分の金額とする旨規定する（★3）。これは、法36条を受けて、退職給与の額の相当性について判断基準を定めたものであるところ、退職給与の額はその法人及び退職役員の個別的事情によって異なり得るものであるから、あらゆる場合を想定して相当な退職給与の額を明確かつ一義的に定めることは困難であるというべきである一方、右の定めは相当な退職給与の額の決定に当たり考慮すべき事情を類型的に列挙しており、その事情を総合すれば相当な退職給与の額を判断することができるものと解されるのであって、この観点からすれば、令72条の規定は、退職給与の額の相当性の判断基準について、一般的に是認できる程度に具体的、客観的に定めているということができる（★4）。

したがって、法36条及び令72条は、租税法律主義（課税要件明確主義）に反するものではなく、憲法84条に違反するものではないというべきである（★5）。

本項のポイント

前項では、損益通算の廃止を行った改正租税特別措置法31条の適用について、施行日である4月1日より遡らせて、同年1月1日以降の取引に適用されるとした同法改正附則27条1項の規定が、遡及立法禁止の原則に違反しないかが争点となった最高裁判決を取り上げた（最〔二小〕判平23.9.30・判タ1359号75頁）。

CASE 2、3でも取り上げた大島訴訟（最〔大〕判昭60.3.27・民集39巻2号247頁）などをはじめ、過去には、租税法規の合憲性について最高裁判決で憲法論が正面から論じられた事例も多々あるものの、近年では最高裁判決までたどりつくものはきわめて少なくなっていた。

この点で、遡及立法事件は、租税法規の合憲性について、最高裁判決が判決文のなかで正面から検討をした久しぶりの事案であった。

本項では、15年以上前の裁判例であるが、法人税法34条2項が定める過大役員給与（退職金）の規定について、その合憲性が検討された事例を取り上げる。過大役員給与の規定については、憲法論はともかく、その適用をめぐり争われる事例は近時においてもあとを絶たない（過大役員退職金についてのものであるが、熊本地判平25.1.16、東京地判平25.3.22等がある。最近では「残波事件」も話題を呼んだ）。

　適用の違法性を検討する以前の問題として、そもそも法人税法34条2項は合憲か、という議論があることをまずは押さえておきたい。

① 租税法律主義の内容

　憲法84条が定める租税法律主義の内容については、大島訴訟最高裁判決も判示しているとおりである。すなわち、課税要件及び手続を法律で定める（法定主義）だけでなく、両者を明確に定めることが必要である（明確主義）。本判決でも、この租税法律主義の内容について確認がされている（★1）。

　ここで法定主義（課税要件法定主義）のみならず明確主義（課税要件明確主義）にも論及されているのは、この事案で問題となった過大役員給与（退職金）の規定は、法人税法という法律で定められているため、法定主義を満たしていることに問題はないものの、「不相当に高額な部分」の金額として「政令で定める金額」を損金不算入とする規定であるため、その内容が不明確であり明確主義に違反しないかが問題とされたからである。

② 不確定概念の合憲性

　これは「不確定概念」の問題である。「不相当に高額な」という条文の文言は、どのような場合に損金不算入になるか（つまり課税

されるか）を画する要件であるから、納税者がその内容を読み取れるだけの明確性を持っていることが要請される。

この点について、本判決は、目的を合理的、客観的に解釈し、その法文が課税の根拠、要件を規定したものとして一般的に是認できる程度に具体的で客観的であれば合憲である（明確主義に違反しない）とした（★2）。

③ 過大役員給与（退職金）の規定

以上を前提に「不相当に高額な部分の金額として政令で定める金額」については損金算入をしないことを定めた法人税法36条（現行34条2項）の規定について、その目的が「法人が租税負担を不当に回避することを防止し、適正な課税を確保」するものと捉えた上で、これを受けた法人税法施行令72条の規定の内容（★3）について、退職給与の額の相当性の判断基準を、一般的に是認できる程度に具体的、客観的に定めているとし（★1★4）、合憲であると判示した（[★1★5]。控訴審の平成12年9月27日・未登載も同旨）。

#1 憲法論の主張は無理筋？

　大島訴訟（最高裁昭和60年大法廷判決）まえの税務訴訟には、憲法論が正面から争われたものが、比較的多くあります。源泉徴収制度の合憲性が争われた「月ヶ瀬事件」（最高裁昭和37年大法廷判決）などを筆頭に、大法廷での判断も下されています。

　しかし、大島訴訟のあとは、憲法論が正面から争われる事案は減少しました。最高裁自身も、大島訴訟で租税立法について広い裁量があることを前提にした判断をしたため、大きく取り上げなくなりました。

　"戦後最大の税務訴訟"と呼ばれた「ストック・オプション訴訟」（最高裁平成17年判決）は、比較的新しい最高裁判決といえますが、租税法律主義違反ではないかとの納税者の上告は決定で棄却されました。そのため、判決では何も取り上げられていません。

　しかし、外国親会社が日本子会社の役員等に付与したストック・オプションの権利行使により得られた利益（権利行使益）の所得区分について、法令の明文規定は存在しなかったことを最高裁自身が認めています。

　また、過少申告加算税の賦課決定処分を違法と判断した同訴訟（最高裁平成18年判決）では、課税庁が従前採用していた見解を変更する際には法令か通達の規定を定めることが望ましいと述べられています。そうすると、ストック・オプション訴訟でも、租税法律主義（憲法84）との関係（憲法論）が最高裁で取り上げられ、判示されるべきだったように思います。

　実際に最高裁に取り上げられたのは、給与所得を定めた所得税法28条1項の解釈適用でした。また加算税についてはこれを賦課すべきでないとされる「正当な理由」（国税通則法65条4項）の解釈適用でした。

納税者の主張を裁判所に認めてもらうための戦略として考えると、今日では憲法論を正面からやるよりも、税法の解釈適用を中心にすることが得策であるといわざるを得ません。

File
02

CASE 11 ▶ 重加算税の合憲性

> **最（二小）判昭45.9.11・刑集24巻10号1333頁**

　所論は、重加算税のほかに刑罰を科することは、憲法39条に違反する旨主張する（★1）。

　しかし、国税通則法68条に規定する重加算税は、同法65条ないし67条に規定する各種の加算税を課すべき納税義務違反が課税要件事実を隠ぺいし、又は仮装する方法によつて行なわれた場合に、行政機関の行政手続により違反者に課せられるもので、これによつてかかる方法による納税義務違反の発生を防止し、もつて徴税の実を挙げようとする趣旨に出た行政上の措置であり、違反者の不正行為の反社会性ないし反道徳性に着目してこれに対する制裁として科せられる刑罰とは趣旨、性質を異にするものと解すべきであつて、それゆえ、同一の租税逋脱行為について重加算税のほかに刑罰を科しても憲法39条に違反するものでないことは、当裁判所大法廷判決の趣旨とするところである（昭和33年4月30日大法廷判決・民集12巻6号938頁参照。なお、昭和36年7月6日第一小法廷判決・刑集15巻7号1054頁参照（★2）。そして、現在これを変更すべきものとは認められないから、所論は、採ることができない（★3）。

　所論は、昭和40年法律33号による改正前の所得税法69条に規定されている罰金刑は、甚だ高額であるが、別に重加算税が課せられるとなれば、両者の額を合算すれば、被告人は著しく過大な金額を国家に納付することになるから、右69条は、刑罰は公正な刑罰であることを要求する憲法31条に違反する旨主張する（★4）。

　しかし、憲法31条が所論のごとき事項を保障する規定であるかどうかは別にして、前述のごとく、罰金と重加算税とは、その趣旨、性質を異

にするものであり、そして、所論改正前の所得税法69条の罰金刑は、同条にその寡額の定めがなく、情状により比較的軽く量定されることもありうるのであるから、同条の罰金刑の規定自体が著しく重いということはできない（★5）。

本項のポイント

　前項では、実務でも問題になることが多い過大役員給与（法法34②）の規定の合憲性が問題になった裁判例を取り上げた。

　実務で問題になるのは、法人税法34条2項及びその施行令である同法施行令70条の適用であるが、そもそも役員報酬や退職給与をいくらにするかは法人の自由であり、「不相当に高額」と評価されるとその部分の損金算入が否定される現行法制は、憲法違反ではないかといわれることもある。しかし、この点について、前項で紹介した裁判例のとおり、裁判所は合憲であると判断している。そうである以上、あとは立法論の問題になると考えざるを得ない。したがって、争訟等で争う際には、上記法及び施行令の適用の問題としてとらえることが重要になる。

　本項では、少し毛色を変える。隠ぺい又は仮装があった場合に重加算税を課すことを定めた国税通則法68条の規定が、憲法に違反しないかが争われた事案である。ほ脱の場合には刑罰が課され、かつ行政措置としての重加算税が課される。それが二重処罰を禁止した憲法39条後段などに違反しないかについて、最高裁は、前頁のとおり判示している。

① 重加算税と憲法39条

(1) 憲法39条の規定

憲法39条は、租税を専門にする者にとっても、なじみが薄い条文であると思われる。

刑事手続に関する規定であり、「何人も、実行の時に適法であつた行為又は既に無罪とされた行為については、刑事上の責任を問はれない。又、同一の犯罪について、重ねて刑事上の責任を問はれない。」と規定されている。

最初の一文を「前段」というが、この憲法39条前段は「事後法の禁止」(遡及立法の禁止) を定めたものであり、本件では直接関係ない。本件で問題とされたのは、憲法39条後段 (後半の一文) である。後段は「二重処罰の禁止」を定めた規定である。

したがって、もし、重加算税が「刑罰」に当たるとすれば、ほ脱犯としての罰金 (法人税法等) に加えて、重加算税を課すことは「二重処罰」に当たり、憲法39条後段に違反する可能性がある (★❶参照)。

(2) 最高裁の判断

この点について、最高裁は、旧法の規定のころより、一貫して、重加算税とほ脱犯の罰金は性質が異なるから「二重処罰」には当たらない (憲法39条後段に違反しない) と判示している (★❷)。

一貫して、といったのは、本稿で紹介した最高裁昭和45年判決 (本判決) 以前にも、最高裁昭和33年4月30日大法廷判決・民集12巻6号938頁、最高裁昭和36年7月6日第一法廷判決・刑集15巻7号1054頁があり、前者は昭和25年改正前の重加算税について、後者は昭和25年改正による重加算税について、いずれも憲法39条後段に違反しないと判示しているからである。

これに加えて、本判決は、昭和37年改正による重加算税についても、同様に憲法39条後段に違反しないと判示した。

なお、「現在これを変更すべきものとは認められない」との判示は（★3）、判例変更の必要はないという判断である。

（3）まとめ

重加算税を含めた各種の加算税が「行政上の措置」であることについては、さまざまな最高裁判決が言及しているところであり（最〔一小〕判平18.4.20・民集60巻4号1611頁等）、刑事上の責任を意味する「刑罰」ではないことは明らかである。

② 憲法31条との関係

（1）最高裁の判断

本判決では、憲法31条（適正手続の保障）との関係も論じられている。罰金刑が高額であるため、別に重加算税が課せられると、合計して被告人は著しく過大な金額を納付することになる。よって、ほ脱犯が定める刑罰が、公正な刑罰であることを要求する憲法31条に違反するとの主張である（★4）。

本判決は、この点についても、両者の法的性質が異なることなどを理由に、憲法31条に違反することはないと判示している（★5）。

（2）刑事訴訟と租税法

競馬事件（最〔三小〕判平27.3.10・刑集69巻2号434頁等）のように、刑事訴訟のなかで税法の規定が論じられることがある。本判決はその典型である。

CASE 12 ▶ 雑所得に損益通算が認められないことの合憲性

福岡高判昭54.7.17・訟月25巻11号2888頁

　控訴人は、本件所得が事業所得ではなく雑所得と認定されるとすれば、それは雑所得と他の所得との間に損益通算の規定が設けられていないことからして憲法上財産権及び職業選択の自由の侵害になると主張するが（★1）、所得税法が立法政策として所得分類制を採用しているのは、所得がその性質により担税力を異にし、担税力に即した公平な課税を行うために所得をその性質ごとに分類した上その担税力に適した計算方法と課税方法を定める必要があることに由来し（★2）、雑所得と他の所得の間には所得の発生する状況に差異があり、雑所得においては、多くは余剰資産の運用によって得られるところのものであり、その担税力の差に着目すれば、雑所得に他の所得との損益通算の規定がないことにはそれ相当の合理性を認めることができるから（★3）、それをもって憲法第29条、第22条に違反するとの見解は採用できない（★4）。

本項のポイント

　前項では、隠ぺい又は仮装があった場合に行政上の措置として賦課される重加算税（通則法68）が、二重処罰の禁止を定めた憲法39条後段に違反しないかが争われた事案を扱った。最高裁はこれを一貫して合憲と判断していた。

　本項では、所得税法が規定する損益通算（所法69）の規定が適用される対象に雑所得が挙げられていないことが、財産権を保障した憲法29条や、職業選択の自由を認めた憲法22条に違反しないかが争われた事案を取り上げる。

① 損益通算

（1）所得税法が定める損益通算制度

　損益通算は、ある所得で生じた損失を他の所得（分類）から控除することができるものである。所得税法69条に規定がある。同条によれば、総所得金額等を計算する場合に、不動産所得や、事業所得等の金額の計算上生じた損失の金額がある場合、政令（所令198）に定める順序で、他の種類の所得の金額からその損失の金額を控除することができる（損益通算制度）。

（2）損益通算を利用するメリット

　ある所得から生じた損失の金額を、他の所得の所得金額を計算する際に控除できることは納税者にとって大きなメリットになる。

　所得税を減額する作用をもたらすからである。そのため、節税や税額減少目的（租税回避とまでいえるかは、事案による）に利用されることがある。

② 損益通算の適用が問題になった事例

(1) 航空機リース・船舶リース事件

例えば、航空機リース事件(名古屋地判平16.10.28・判タ1204号224頁、名古屋高判平17.10.27・税資255順号10180等)、船舶リース事件(名古屋地判平17.12.21・判タ1270号248頁、名古屋高判平19.3.8・税資257順号10647)があった。これらの事件では、任意組合(民法上の組合)を通じて航空機や船舶機を購入し、これを貸し付けることで生じた損失を、当該組合から得られる収入が「不動産所得」に当たることを前提に、損益通算することを企図して考えられたものであった。

(2) 遡及立法事件

また、土地建物等の譲渡所得について損益通算を認めない法改正(租税特別措置法の改正)を施行日(4月1日)より前の1月1日に遡らせたことが憲法84条に違反しないかが争われた判例もあった(最〔二小〕判平23.9.30・判タ1359号75頁等)。CASE9で取り上げたもので土地の長期譲渡所得について損益通算を利用することを封じる法改正の合憲性が争点であった。

(3) 商品先物取引の事例

本項の事案では、商品先物取引で生じた損失を他の所得から控除できれば、所得税の税額を減少できるというメリットが納税者にあった。商品先物取引によって得た所得がどの所得分類に当たり、損益通算の適用がどうなるかについては、現在では、租税特別措置法が上記本法の特則として規定を置いている(措法41の14)。

本件では措置法の例外規定が存在しない場合における所得税法の本法上の取扱いが問題になった。

会社役員が役員報酬として得た給与所得の金額について、会社とは別に個人で行っていた商品先物取引で生じた損失を損益通算することが否定された事例がほかにもある(名古屋地判昭60.4.26・行

集36巻4号589頁)。裁判所は、この役員が商品先物取引によって得る所得(6年間で約1億7,000万円もの多額の損失)は、雑所得に当たるとして、所得税法69条(損益通算)の適用の前提がないと判断している。

　本件も類似の事案であり、結論は同様であった。結論から考えると、商品先物取引で生じる損失による損益通算を封ずるための理論構成(法解釈・適用)を裁判所が考えた事案であったともいえる。取引回数が大量にわたり継続性があっても、事業性がないという理由で、損益通算が認められている事業所得の該当性が否定されているからである。

③ 雑所得に損益通算が認められていない所得税法69条の合憲性

　商品先物取引によって得る所得(実際には損失)の所得分類が雑所得であると考えた場合、雑所得が対象として挙げられていない所得税法69条(損益通算)の規定は適用されないことになる。本法どおりであれば、このようになる。

　この点について、原告(納税者)は、雑所得に損益通算を認めない同条は、憲法22条(職業選択の自由)、29条(財産権)に違反すると主張した(★1)。

　判決言渡し当時に、CASE 2、3で紹介した大島訴訟(最〔大〕判昭60.3.27・民集39巻2号247頁)はまだないが、租税立法は専門技術的な事項であり立法の裁量が認められ、目的達成のために著しく不合理であるといえなければ違憲にはならないとする同判決の判断枠組みを前提に考えれば、この結論(★4)が導かれることはわかりやすい。

　立法政策について(★2)、合理性が認められる(★3)という論理である。なお、本判決は、上告審(最〔三小〕判昭59.5.29・税資136号577頁)で上告が棄却されて確定している。

CASE 13 ▶ 雑所得の合憲性

> **東京高判平3.10.14・判夕775号235頁**

　本件分配金収入は、被告人Hにおいて、自己が中央信託の業務として行う不動産売買取引についての情報を前示不動産業者四社に提供し、右4社を仲介業者として右取引に関与させて利益を取得させ、その見返りとして右利益の一部を自己に還流させていたものであるから、情報提供及び取引関与の便宜提供という役務の対価としての性質を有するものであり、前示2の要件を欠くことが明らかであって、一時所得には該当せず、雑所得に属するものと解するのが相当である（★1）。

　（略）更に、同弁護人は、「所得」について明確な概念規定を持たない所得税法の下において、8種類の所得及び一時所得に当たらないその他の所得一切を「雑所得」という包括条項に含ませることとしても、その範囲は不明確であって租税法律主義に反する疑いがあるから、雑所得の範囲はきわめて厳格に解すべきであり、一時所得と解すべき余地のある本件分配金収入まで雑所得に含める解釈は租税法律主義に反するものといわざるを得ない、と主張する（★2）。

　所得税法が「所得」を定義する規定を設けておらず、また、講学上「所得」概念について諸説の対立のあることは確かである。しかし、だからといって、所論のように「雑所得」の範囲を厳格かつ制限的に解釈すべきであるということにはならないのであって、明確にする必要があるのはむしろ「所得」の概念そのものであり、これが明確である限り、9種類の所得及び一時所得以外の所得一切を「雑所得」に含めることは何ら概念の不明確を招くものではない（★3）。そして、所得概念について如何なる説を採ろうとも、本件分配金収入が被告人Hの「所得」に当たることは明らかであるから、前示のとおりこれが8種類の所得及び

一時所得に当たらないと解される以上、これを「雑所得」に当たると解することは何ら租税法律主義に反しないものというべきである（★4）。

本項のポイント

　前項では、雑所得（所法35①）に損益通算が認められていないこと（所法69①参照）が、財産権を保障した憲法29条１項や、職業選択の自由を認めた憲法22条１項に違反しないかが争われた事案を取り上げた。

　結論としては合憲であったが、商品先物取引の事例などでは、事業所得に当たると、所得税法（本法）では損益通算が可能となり、雑所得に当たると可能ではなくなるため、所得分類の争いとして争われた例が多い（ただし、現行法では、措置法等で制限する規定が定められている）。

　本項では、前項で取り上げた雑所得の存在そのものが憲法違反ではないかが争われた刑事事件の裁判例を取り上げる。

　情報提供料としての分配収入金が雑所得であると認められた事案であるが、仮に雑所得であるとしても、雑所得を定めた所得税法は、課税要件明確主義を定めた憲法84条（租税法律主義）に違反すると弁護人（納税者）は主張した。

① 一時所得と雑所得の区別

弁護人（納税者）は、まず情報提供料としての分配金が『一時所得』（所法34①）に当たると主張した。

しかし、裁判所は、一時所得（所法34①）といえるための要件を提示した上で、結論としてはこれに当たらないと判断し、雑所得に当たると判示した（★1）。

裁判所が挙げた一時所得の要件は、以下のとおりである。

「『一時所得』といえるためには、当該所得が、8種類の所得以外の所得であることを当然の前提として、更に、それが、（1）営利を目的とする継続的行為から生じた所得以外の一時の所得であること及び（2）労務その他の役務又は資産の譲渡の対価としての性質を有しないものであることの2つの要件を具備することが必要であり、そのいずれかの要件を欠く場合には、当該所得は『雑所得』に当たることとなるのである」。

これは条文のとおり、ごく当然のことであるが（ただし、一時所得は、①除外要件、②非継続要件、③非対価要件として整理するのが一般的である）、雑所得がバスケット・カテゴリーであり10種類のうち最後の1つであるのに対し、一時所得は最後から2つめの所得であることが分かる。

なお、近時はより具体的に一時所得と雑所得の区別が争われた事案として、競馬事件（最［三小］判平27.3.10・刑集69巻2号434頁等）などがある。

② 雑所得の合憲性

（1）弁護人の主張

弁護人（納税者）は、雑所得は、他の9種類に当たらない一切の所得を構成するものであるため、その範囲が不明確であり、租税法律主義（課税要件明確主義を指していると考えられる）に違反する

と主張した（★2）。

たしかに、バスケット・カテゴリーである雑所得（公的年金部分を除いた本来の雑所得）は、所得税法35条1項をみても、他の9種類の所得が列挙された上で、それらの「いずれにも該当しない所得」と定義されるのみである。また、所得概念については、包括的所得概念（あらたな経済的価値の流入があれば、その原因や性質を問わず所得を構成するとの考え方）と、制限的所得概念（所得源泉性のある利得、すなわち反復継続性のある利得のみが所得を構成するとの考え方）の2つがあり、かつ、日本の所得税法には「所得」の定義規定は存在しない（★3参照）。

（2）裁判所の判断

しかし、日本の所得税法は、包括的所得概念を採用している。条文上、所得について原因・性質を分けずに規定していることや、一時所得（所法34）、譲渡所得（所法33）、雑所得（所法35）などの所得源泉性がない利得も所得と規定されていること、かつては一時所得等に課税されていなかったこととの対比からも明らかである。

あらたな経済的価値の流入である分配金が「所得」を構成することも以上の考え方から明らかである以上、雑所得に当たるのは当然の帰結である。裁判所は、こうした考えの下で、雑所得が租税法律主義に違反するという考え方自体がとり得ないと判断したものと考えられる（★3 ★4）。

③ まとめ

雑所得は、バスケット・カテゴリーであるが、租税法律主義（憲法84）違反はないと、裁判所は判断した。

CASE 14 ▶ 相続税法が定める連帯納付義務の合憲性

> **東京高判平19.6.28・判タ1265号183頁**

　…贈与税は相続税の補完税としての性質を持つといわれる（略）。そして、法律で定められた租税は財政需要ないし公的欲求の充足を目的とするものであり、高度の公益性を有するから、その徴収は確実かつ能率的に行われなければならず、また、そのようにして租税収入を確保できなければ、財政上の需要をまかなう上で支障を来すばかりでなく、ひいては租税負担の公平の原則にも反することになる（★1）。贈与税の場合についていえば、贈与税の納税義務者を受贈者だけに限定した場合には、受贈者がもともと財産がない場合や受贈者が当該取得した財産を他に処分して無資力者となった場合等には、贈与税の満足を得られなくなり、贈与税の満足が得られなければ贈与形式による相続税の回避防止という補完税の目的も達成できず、ひいては税負担の公平が保てないおそれがある（★2）。そこで、贈与税の徴収確保のために、受贈者を本来の納税者とする一方、本来の納税義務と密接な関係がある第三者にその租税債務の履行義務を負担させるという連帯納付義務を設け、特別の法定責任を課すことは、それなりの必要性、合理性がないということはできない（★3）。

　…このような贈与税の性格や立法の沿革に照らすと、贈与税について受贈者を本来の納税義務者としつつも、租税確保の必要から贈与者を連帯納付義務者とし、特別の法定責任を課すこととしたことは、立法の目的として不合理なものということはできない（★4）。

　そして、贈与者の連帯納付義務は、当該贈与財産の価額が当該贈与税の課税価格に算入された財産の価額のうちに占める割合を乗じて算出した額として政令に定める贈与税に限定され、かつ贈与財産の価額相当額

を限度とするもので、相続税法34条4項の規定内容が立法目的との関連で著しく合理性を欠くものということもできない（略）（★5）。

本項のポイント

　前項では、所得税法が特に明確な概念を定めることなくバスケット・カテゴリーとして定めている雑所得（所法35①）が課税要件明確主義（憲法84）に違反しないかが争われた裁判例を取り上げた。

　所得税法などの租税法の規定が憲法に違反しないかが争われるのは、日本国憲法が「最高法規」として、国内法の頂点に立つものだからである（憲法98①）。その趣旨は国民の人権保障にある。国家による人権侵害を防止するために、国会で制定された法律でも、憲法に違反する場合には無効になるとされている（違憲審査権。憲法81）。憲法の基本的な仕組みを詳しく知りたい方は、監修作『マンガでわかる日本国憲法』（池田書店、2014年）をお読みいただければ幸いである。

　本項で取り上げる相続税法が定める連帯納付義務も、個人の意思によらずに、税を納める義務を負わせるものであるから、憲法との関係を慎重に考えることが必要になる。

　繰り返し登場する大島訴訟最高裁判決（最〔大〕判昭60．3．27・民集39巻2号247頁）のとおり、国会には立法について裁量が認められている。しかし、非嫡出子の相続分の差別規定は、立法府の裁量を前提にしながらも不合理な差別として違憲になった（最〔大〕決平25．9．4・民集67巻6号1320頁）。この点も忘れてはならない。

① 連帯納付義務

相続税法では、共同相続人や贈与者に対して、相続税や贈与税を連帯して納付する義務を定めている（相法34①ないし④。連帯納付義務）。これは「個人責任の原則」という民法の基本原則から考えると、本人の意思にかかわらず（この点で、民法上の保証債務などは異なる）、法律によって当然に納付の義務を負担させられるものである。この点で、この「特殊な人的責任」は、法律上、異例な存在といえる（金子宏『租税法〔第22版〕』〔弘文堂、2017年〕628頁参照）。

② 連帯納付義務の合憲性

（1） 納税者の主張

納税者（贈与者）は、贈与者に連帯納付義務を定めた相続税法34条4項が、「贈与によって何らの経済的利益を得ない贈与者に対し、その私有財産から贈与により拠出した以外に負担を強い、財産を没収するもので、国家の租税徴収確保を容易にすることのみを目的とした不合理な規定である」として、憲法29条（財産権）に違反すると主張した。

（2） 判断枠組み（違憲審査基準）

本判決も、大島訴訟を引用し、租税法は、「立法目的が正当なもので、その具体的な規定内容が上記目的との関連で著しく不合理であることが明らかでない限り…憲法29条に違反するものではない」との基準を採用した。

（3） 判断の過程

① 立法目的

裁判所は、まず、贈与税の性質について言及した（★1）。いわゆる「相続税の補完税」としての性質である（相続税の回避防止）。その上で、贈与があった場合に、贈与税の納税義務を負うことにな

る受贈者に納税の資金がない場合の弊害を指摘し、徴税の必要性を強調した（★1 ★2）。贈与税の徴収確保の観点からすれば、「本来の納税義務」を負う受贈者と「密接な関係がある第三者」に対して、「その租税債務の履行義務を負担させ…特別の法定責任を課すこと」に、必要性・合理性がないとはいえないとした（★3）。

よって、こうした贈与税の性格や（引用は紙幅の都合により省略した）立法経緯からすれば、立法目的が不合理とはいえないとした（★4）。なお、こうした検討には、不合理といえなければ合憲の方向に進む「租税立法における違憲審査」の特徴がある。

② 手　段

上記目的を達成するための手段としても、贈与者が連帯納付義務を負う範囲が「限定」が付されているから（無制限に特別の法的責任を認めるものではないから）、「著しく合理性を欠く」とはいえないとした（★5）。

(4) その他

相続税回避の主観的意図が全くない当事者に適用することの合憲性（憲法29、84条違反）も争われたが、裁判所は、相続税法34条4項は「租税回避行為に対する懲罰的規定」ではないとした。

(5) 結　論

相続税法34条4項は合憲と判示された。

③ まとめ

最高裁平成20年5月27日第三小法廷決定・税務訴訟資料258号順号10961（不受理・上告棄却）で、本判決は確定した。

CASE 15 ▶ 執行上の平等原則

大阪高判昭44.9.30・判タ241号108頁

　憲法84条は租税法律主義を規定し、租税法律主義の当然の帰結である課・徴税平等の原則は、憲法14条の課・徴税の面における発現であると言うことができる（★1）。右租税法律主義ないし課・徴税平等の原則に鑑みると、特定時期における特定種類の課税物件に対する税率は日本全国を通して均一であるべきであって、同一の時期に同一種類の課税物件に対して賦課・徴収された租税の税率が処分庁によって異なるときには、少くとも右課・徴税処分のいずれか一方は誤った税率による課・徴税をした違法な処分であると言うことができる（★2）。けだし、収税官庁は厳格に法規を執行する義務を負っていて、法律に別段の規定がある場合を除いて、法律の規定する課・徴税の要件が存在する場合には必ず法律の規定する課・徴税をすべき義務がある反面、法律の規定する課・徴税要件が存在しない場合には、その課・徴税処分をしてはならないのであるから・同一時期における同一種類の課税物件に対する2個以上の課・徴税処分の税率が互に異なるときは、右2個以上の課・徴税処分が共に正当であることはあり得ないことであるからである（★3）。そして右課税物件に対する課・徴税処分に関与する全国の税務官庁の大多数が法律の誤解その他の理由によって、事実上、特定の期間特定の課税物件について、法定の課税標準ないし税率より軽減された課税標準ないし税率で課・徴税処分をして、しかも、その後、法定の税率による税金と右のように軽減された税率による税金の差額を、実際に追徴したことがなく且つ追徴する見込みもない状況にあるときには、租税法律主義ないし課・徴税平等の原則により、右状態の継続した期間中は、法律の規定に反して多数の税務官庁が採用した軽減された課税標準ないし税率

の方が、実定法上正当なものとされ、却って法定の課税標準、税率に従った課・徴税処分は、実定法に反する処分として、右軽減された課税標準ないし税率を超過する部分については違法処分と解するのが相当である（★4）。

本項のポイント

　前項では、相続税法が定める連帯納付義務について、特殊な人的責任を法律上課すものであり、違憲ではないかが争われた事例を取り上げた（東京高判平19.6.28・判タ1265号183頁）。連帯納付義務は、共同相続人や贈与者に対して、その人的状況に着目した特殊な連帯責任であり、憲法との関係を忘れてはならない。

　本項では、平等原則がテーマになる。憲法14条が定める「法の下の平等」は、法適用の平等のみならず、法内容の平等まで求められる（立法者拘束説）。これまでみた事例でも、給与所得者と事業所得者の区別取扱い（最〔大〕判昭60.3.27・民集39巻2号247頁）、源泉徴収義務者とそうでない者との区別取扱い（最〔大〕判昭37.2.28・刑集16巻2号212頁）など、租税立法（所得税法）が定める規定（内容）の平等性が問われていた。

　本項の裁判例（スコッチライト事件）は、法適用の平等の場面である。国民の財産権に対する侵害規範である租税法の場合には、適用、つまり執行がなされる際にも、厳格な平等性が貫かれなければならない。理論上そうであっても、執行上の平等となると、実際の事例では、税務調査段階の内容は把握できず、平等性の検証ができない、という限界もある。

　本項で取り上げる判決が一般論として「執行上の平等原則」を租税法について言明した点は「基本的な考え方」として重要である。

① 事案の概要

　本件は、関税の適用される税率が問題になった事案である。その経緯は錯綜している。整理すると、スコッチライト（交通標識用の反射光シート）を輸入して国内で販売していた納税者を管轄する神戸税関は（合成樹脂製品に分類されるとの解釈をとり）30％の税率を適用していた。しかし、他の税関では（ガラス製品に分類されるとの解釈がとられ）、20％の税率で執行されていた時があった。

　裁判所は、30％の税率が適用されるとの解釈・判断を行った。そうすると、30％の税率を適用したこと自体は関税法に違反せず、適法となるはずである（法の正しい解釈適用）。しかし、他の税関においては、当該税率よりも低い20％の税率での執行がなされていた事実があるため、「執行上の平等原則」に違反するのではないかが争点となった。

② 裁判所の判断

（1）課・徴税平等の原則

　裁判所は、憲法84条が定める租税法律主義の「当然の帰結」として、「課・徴税平等の原則」があること、この原則は、平等原則を定めた「憲法14条の課・徴税の面における発現である」ことを判示した（★1）。

　聞き慣れないかもしれないが、課税の場面、徴税の場面、ともに、納税者間の平等が保たれなければならない、という意味である。

（2）同一時期に異なる税率がある場合

　裁判所は続けて、「特定時期における特定種類の課税物件に対する税率は日本全国を通して均一であるべきであ」るとし、同一時期に同一物件に対する異なる税率がある場合、いずれかは違法になると判示した（★2）。

　同一時期における同一物件に対する税率が2つある場合、いずれ

も正当であることはあり得ないからである（★3）。

　ここまでは、ふだん考えることはない論点であるにしても、内容はごく当然のこととして理解できよう。

　注目すべきは、次の点である。すなわち、「全国の税務官庁の大多数が法律の誤解」などにより、「事実上、特定の期間特定の課税物件について、法定の…税率より軽減された…税率で課・徴税」があった場合、大多数の誤解に基づく税率が正当となり、それを超えた（正しいはずの）税率での課税・徴収は違法になると判示している点である（★4）。

③ まとめ

　平等原則と徹底する判示であるが、課税庁が法の解釈適用を誤った場合に（例えば、外国親会社ストック・オプション事件では、従前は一時所得との〔誤った〕解釈適用が大多数であった）、影響をもたらす。留意すべきは、本判決も、＜その後に軽減部分の差額を追徴したことがなく、見込もないこと＞を違法の条件としている点である。

　そうした措置がとられれば、判決がいう違法の問題は生じないことになる。いずれにせよ「執行上の平等」についても、厳格なチェックが必要といえる。

CASE 16 ▶ 国内源泉所得について源泉徴収義務を負うことの合憲性

> **東京地判平23.3.4・裁判所HP**

　本件源泉徴収制度は平成2年に導入された制度であるところ、その趣旨は、当時、国内にある不動産を譲渡した非居住者等が、申告期限前に譲渡代金を国外に持ち出し、無申告のまま出国する事例が増えており、申告期限前に保全措置を講ずる手段がなく、他方、申告期限後の決定処分をしても、実際に税金を徴収することは非常に難しい状況があったが、こうした事態を放置することは税負担の公平を欠き、納税思想にも悪影響を及ぼしかねないことから、これに対しても適正な課税を確保できるようにするために導入されたものである（略）。そうであるとすると、その立法趣旨（目的）は、合理的で正当なものであり、その必要性があったということができる（★1）。

　他方、上記……立法趣旨を実現するために、……本件源泉徴収制度が設けられたところ、この源泉徴収制度によれば、非居住者等の不動産を譲り受けた支払者から譲渡対価にかかる所得税を源泉徴収義務として徴税することで、国は、受給者である非居住者等が所得税を申告・納付しないことによる徴収不能のおそれを回避して税収を確保し、徴税手続を簡便にしてその費用と労力とを節約し得るのみならず、受給者（担税者）の側においても、申告、納付等に関する煩雑な事務から免かれることができる。そして、支払者（徴収義務者）にしても、支払者は、通常、不動産の譲渡に関する交渉、契約締結及び契約の履行を通じて受給者の国内外における住所等を容易に把握し得る特に密接な関係にあって（支払者は、例えば、売買契約書の作成、不動産登記事項証明書の確認、受給者からの委任状及び印鑑登録証明書等の入手又は受給者への直接確認等により、受給者の住所を容易に把握し得る。）、徴税の対象となる譲渡対

価を受給者に支払う立場にある点で、譲渡対価に対する徴税上、特別の便宜を有し、能率を挙げ得る地位にあるし、その徴税方法も、支払者が譲渡対価の支払をなす際に所得税を天引きしその翌月10日までにこれを国に納付すればよいというものであるから、これ自体に格別の不利益が含まれているということはできない（★2）。……支払者が源泉徴収をしていなかったが、税務署長から納税告知により徴収された場合には、受給者に対する求償等の権利も認められている（所得税法222条）。そうであるとすると、……本件源泉徴収制度は、非居住者等が不動産を売却する場合における所得税の徴収方法として能率的であり、合理的であって、支払者においても格別の負担を強いるものでもない（略）から、その合理性があったということができる（★3）。……本件源泉徴収制度は、その立法目的が正当なものであり、その立法目的達成のための手段として必要性・合理性に欠けることが明らかであるということはできず、……憲法13条、29条1項に反するものということはできない（★4）。

本項のポイント

　前項では、税法における執行上の平等について「基本的な考え方」を解説した。税法では、法内容（立法）について平等原則（租税公平主義）違反の主張がなされる裁判が多いが、法の適用段階においても、公平性が求められるべきことは当然である。

　この点について基本的な考え方を示した裁判例の理解は、執行上不平等と思える事態に遭遇したときには基本視点となるため、重要である。

　本項では、国内源泉所得の規定について合憲性が判断された最近の裁判例を取り上げる。非居住者との間で日本に存在する不動産の売買契約を締結した買主は、その代金の支払の際に所得税法によれば「国内源泉所得」として源泉徴収をすべき義務を負うことになる（所法161一〔現行所法161①十。以下同じ〕）。

しかし、一般の納税者が「国内源泉所得」なる概念を知っていることは通常ないと思われる。不動産売買の売主が「非居住者」であったがために、こうした税法の取扱いを知らなかった納税者が徴収納付義務を怠ったとして、納税告知処分（通則法36①二）を受け、不納付加算税（通則法67①）を賦課されることは、一般の納税者の感覚からすると、受け入れがたいだろう（ただし、本件は不動産事業を扱う法人が納税者であった）。しかし、法律で規定された徴収納付義務である以上「法の不知は害せず」であり、違法であるということはできない。その場合になお残るのが「憲法違反ではないか」という論点である。

① 国内源泉所得の規定

　所得税法161条1号は「国内にある資産の……譲渡により生ずる所得」が「国内源泉所得」に当たることを定め、その支払をする者に、所定の税率に基づき計算された源泉所得税を徴収し、所轄の税務署に納付すべき義務（源泉徴収義務）を課している。

　源泉徴収制度については、本連載で紹介した最高裁判決があるが（最〔大〕判昭37.2.28・刑集16巻2号212頁）、「担税者と特別な関係を有する」ことから「徴税義務者に一般国民と異なる特別の義務を負担させ」ても、憲法14条には違反しないという論旨であった。

　上記のような単なる不動産売買という取引の当事者同士という関係だけで、こうした「特別な関係」（密接な関係）があるかなどについて判示をしたのが、本判決である。

② 裁判所の判断

　裁判所は、源泉徴収制度そのものの合憲性について、大島訴訟判

決（最〔大〕判昭60.3.27・民集39巻2号247頁）を引用し、上記最高裁昭和37年大法廷判決を参照しながら、「立法目的が正当であり、目的達成のための手段としての必要性と合理性に係る立法府の判断が、著しく不合理であって、……裁量の範囲を逸脱するものでない限り、憲法13条、29条1項に違反しない」との判断枠組（審査基準）を提示した上で、当てはめを行った（★1〜★3）。★1で立法目的に論及し、★2、★3で手段について論じ、合憲とした（★4）。

③ まとめ

最高裁昭和37年大法廷が判示した「密接な関係」について、★2の下線部分で示されている。破産管財人と破産会社の退職者との関係を判示をした最高裁平成23年1月14日第二小法廷判決・民集65巻1号1頁（密接な関係はないとした）との関係は重要である。同判決は「破産管財人と上記労働者との間に使用者と労働者との関係に準ずるような特に密接な関係があるということはできない。」として処分を取り消しているからである。

また、求償権（所法222）は本税のみに妥当し、不納付加算税には及ばない点にも考慮が必要との考えもあるであろう。

なお、本判決後に、同じ条文の適用が争われた事件がある（東京高判平28.12.1・公刊物未搭載）。同判決では、支払者が、不動産の売主が非居住者であることについて注意義務を負うことを前提に、その義務違反があったかを判断している。

注意義務違反がなければ、源泉徴収義務は発生しないとの納税者の限定解釈の主張の前提問題として議論されている。

CASE 17 ▶ 中小法人に交際費を認める措置法の合憲性

> **横浜地判平4.9.30・行集43巻8・9号1221頁**

　……交際費等の損金不算入制度は、昭和29年に、冗費・濫費を節減して企業所得の内部留保による資本蓄積の促進を図る等のために政策的に設けられたものであり、昭和35年以前は、資本金1,000万円以上（昭和29年度から同31年度は500万円以上）の法人にのみ適用されていた（★1）。

　しかしながら、同制度創設後においても、交際費等の支出額は抑制されず、逆に交際費等の額が毎年増加する状況やこれに対する社会的批判の高まりが背景となって、課税の強化（損金不算入枠の拡大）を図る改正が行われ、昭和40年以降の改正では交際費等の支出額が増加し続ける状況に対する対策が一層強く考慮されるようになり、改正理由においても、資本蓄積の促進から交際費等の支出自体の抑制に重点が移された（★2）。そして、昭和36年の改正以降、全法人がこの制度の対象とされるようになったものの、交際費等に対する社会的批判にも、中小企業と大企業との間にはおのずから差がある上、厳しい経済環境にある中小企業に対して特段の配慮をする必要からも、昭和54年の改正で、再び期末資本金等により段階的に損金不算入額を算定する方法を採るようになり、昭和57年の改正で今日に及んでいる（★3）。

　……以上のとおり、租税特別措置法62条1項の立法目的は正当であり、同条項が企業の期末資本金等により交際費等の損金不算入について格差を設けることは、わが国の財政・経済・社会政策等国政全般からみて、右目的との関連で著しく不合理であることが明かであるとはいえず、同条項の合理性を否定することはできないから、憲法14条1項に違反するものということはできず、原告の主張は失当である（★4）。

本項のポイント

　前項では、国内源泉所得の規定について合憲性が判断された裁判例を取り上げた。非居住者との間で日本に存在する不動産の売買契約を締結した買主が、代金の支払の際に「国内源泉所得」としての源泉徴収義務を負うこと（所法161条一〔現行所法161①十〕）の合憲性について、合憲であるとの判断であった。たまたまそのような不動産を購入した個人の納税者が精通していることはまれであるから、源泉徴収義務を負うことなる納税者に対する配慮はなされるべきであろう。

　本項では、法人が支出した交際費等について、租税特別措置法が、中小法人について優遇措置を置いている点について、憲法14条1項が定める「法の下の平等」（平等原則）に違反するのではないかが争われた裁判例を取り上げる。

　交際費等の損金算入を制限する規定は昭和29年以降、立法としてはさまざまな変遷を経ているが、現在の措置法においても、中小法人（資本金等の額が1億円以下）については損金算入限度額（定額控除限度額）について優遇する規定が置かれており（措法61の4）、基本的な問題点は変わっていない。

① 裁判所の判断

　横浜地裁平成4年判決は、一般論として、租税立法が憲法14条1項（平等原則）に違反するか否かの判断枠組み（基準）について、大島訴訟（最［大］判昭60.3.27・民集39巻2号247頁）で提示された考え方と同様に、「租税法の定立については、その規定対象の性質上、……立法府の政策的、技術的な判断にゆだねるほかはなく、裁判所は、基本的にはその裁量的判断を尊重せざるをえないから、租税法の分野における取扱の区別は、その立法目的が正当なものであり、かつ、当該立法において具体的に採用された区別の態様が右目的との関連で著しく不合理であることが明かでない限り、その合理性を否定することができず、これを憲法14条1項の規定に違反するものということはできない」と判示した。

　これは、これまで本書で取り上げた種々の裁判例と同様である。

　その上で、昭和29年に創設された交際費等の立法経緯に触れながら、その制度趣旨が「冗費・濫費を節減して企業所得の内部留保による資本蓄積の促進を図る」という政策目的であることについて言及し（★1）、その後の損金不算入枠の拡大の経緯についても触れている（★2）。

　さらに、昭和54年改正についても触れ、交際費等の支出に対する当時の社会的批判について「中小企業と大企業との間にはおのずから差がある」こと、そして「厳しい経済環境にある中小企業に対して特段の配慮をする必要」があることが立法事実となっていたことにも指摘をした（★3）。

　こうした理由から、企業の資本金等によって、交際費等の損金不算入に格差を設けることには「財政・経済・社会政策等国政全般からみて……著しく不合理であることが明かであるとはいえ」ないとして、憲法14条1項に違反しないと判示した（★4）。

　なお、控訴審も、上記判示を支持している（東京高判平5.6.

28・行集49巻6～7号506頁)。また、別事件である東京高裁平成17年8月2日判決・税資255号順号10093でも、交際費等の規定は憲法14条1項、84条(租税法律主義)に違反しないと判示されている。

② 検　討

　交際費等は、法人税法(本法)で定められているものではない。位置づけとしては、損金について定めた原則規定である法人税法22条3項の「別段の定め」ではなく、「特例」であると理解するのが一般的である(武田昌輔『法人税回顧60年』[TKC出版、2009年]136頁、増井良啓『租税法入門』[有斐閣、2014年]221頁参照)。

　また、損金算入が制限される(現行法にいう「定額控除限度額」を超える)部分については、上記のとおり(またその後においても)種々の改正による変遷があるが、本来は法人の収益獲得にとって関連性(貢献性)はあるはずの支出について、政策的に損金算入を制限する制度である。

　その要件該当性が争われた例も多い(東京高判平15.9.9・税資253号順号9426、広島高判平16.3.3・訟月51巻3号746頁、東京地判平21.7.31・判時2066号16頁)。

③ その他の中小法人の優遇規定

　中小法人の優遇は、交際費等以外にもある(例えば税率について、法法66②、措法42の3の2がある)。

　しかし、中小法人保護という目的との関連において著しく不合理であることが明らかな優遇規定でない限り、14条1項には違反しないとされるのが、大島訴訟判決を基礎にした現在の裁判所の考え方である。

CASE 18 ▶ 国民健康保険の保険料と租税法律主義

> **最（大）判平18.3.1・民集60巻2号587頁**

　国又は地方公共団体が、課税権に基づき、その経費に充てるための資金を調達する目的をもって、特別の給付に対する反対給付としてではなく、一定の要件に該当するすべての者に対して課する金銭給付は、その形式のいかんにかかわらず、憲法84条に規定する租税に当たるというべきである（★1）。

　市町村が行う国民健康保険の保険料は、これと異なり、被保険者において保険給付を受け得ることに対する反対給付として徴収されるものである（★2）。……国民健康保険が強制加入とされ、保険料が強制徴収されるのは、保険給付を受ける被保険者をなるべく保険事故を生ずべき者の全部とし、保険事故により生ずる個人の経済的損害を加入者相互において分担すべきであるとする社会保険としての国民健康保険の目的及び性質に由来するものというべきである（★3）。

　したがって、上記保険料に憲法84条の規定が直接に適用されることはないというべきである（略）（★4）。

　もっとも、憲法84条は、……国民に対して義務を課し又は権利を制限するには法律の根拠を要するという法原則を租税について厳格化した形で明文化したものというべきである（★5）。したがって、国、地方公共団体等が賦課徴収する租税以外の公課であっても、その性質に応じて、法律又は法律の範囲内で制定された条例によって適正な規律がされるべきものと解すべきであり、憲法84条に規定する租税ではないという理由だけから、そのすべてが当然に同条に現れた上記のような法原則のらち外にあると判断することは相当ではない（★6）。そして、租税以外の公課であっても、賦課徴収の強制の度合い等の点において租税に類似す

る性質を有するものについては、憲法84条の趣旨が及ぶと解すべきであるが、その場合であっても、租税以外の公課は、租税とその性質が共通する点や異なる点があり、また、賦課徴収の目的に応じて多種多様であるから、賦課要件が法律又は条例にどの程度明確に定められるべきかなどその規律の在り方については、当該公課の性質、賦課徴収の目的、その強制の度合い等を総合考慮して判断すべきものである（★7）。

本項のポイント

　前項では、租税特別措置法が定める、中小法人に対する交際費等の取扱いに関する優遇措置が、憲法14条1項（法の下の平等）に違反しないかが争われた裁判例を取り上げた。

　交際費等に関する規定に限らず、租税特別措置法では、一定の政策目的から異なる取扱いをする税優遇策が定められているものも多い。こうした規定が、法の下の平等（平等原則）に反しないかを考えるためには、憲法14条1項にいう「平等」が、すべてを等しく取り扱う「絶対的平等」が求められているのではなく、合理的な区別取扱いは許容する「相対的平等」を意味していると解されている（判例・通説）ことを理解することが出発点になる。同時に、本書でも繰り返し言及している大島訴訟（最〔大〕判昭60.3.27・民集39巻2号247頁）が、租税立法については、その専門・技術性から国会に広範な立法裁量を認めており、かなり緩やかな審査基準がとられている点も踏まえることが重要になる。そのような観点から、平等原則を捉えられるようになると、憲法論としての議論ができるようになる。

　本項では「租税」とは何であるか、という租税法律主義の根本的な概念が正面から問われた最高裁判決（旭川国民健康保険事件）を取り上げる。租税法律主義を定めた憲法84条にも、各種税法にも「租税」（税）とは何かについての定義規定は置かれていない。この点が、本項の議論の出発点になる。

①　事案の概要

　国民健康法に基づき地方団体（旭川市）が条例で定めた国民健康保険の保険料の賦課総額の算定基準が、不明確であり、本件条例において保険料率を定めずに、これを告示に委任していることが、租税法律主義を定める憲法84条又はその趣旨に反しないかが争われた事案である。

　国民健康保険の保険料は、所得割などを基準に定められており、地方税である住民税・事業税と似たような基準をとっている面がある。また、その徴収には強制性があるため、形式的には保険料であるといっても、その実質をみると「租税」に近い性質を持つものと考えることができる。この点で、保険料も「租税」（憲法84）に当たるのではないかが問題になった。

②　最高裁の判断

　最高裁は、★1で、「租税」の定義を明らかにした。その要素として「特別の給付に対する反対給付としてではなく」（反対給付としての性質を持たないこと）を入れた。その上で、★2、★3で、国民健康保険の保険料の性質を明らかにし、保険給付を受けるための反対給付としての性質があることから、「租税」には当たらないと判示した（★4）。他方で、「租税」ではないという理由だけから、こうした原則のらち外になるわけではないという判断もした（★5）。

　そして、憲法84条が定める租税法律主義（課税要件法定主義・課税要件明確主義）の重要性について論及し（★6）、「賦課徴収の強制の度合い等の点」で「租税に類似する性質を有するもの」であれば「憲法84条の趣旨が及ぶ」と判示した（★7）。こうして、憲法84条に違反するかという問題ではなく（同条の直接適用ができないため）、同条の趣旨に反するかという議論が行われている。結

論としては、「憲法84条の趣旨に反するということもできない」という判示がなされた。

③ 租税に当たるかが問題になった事例

本判決は『租税判例百選〔第6版〕』（有斐閣、2017年）にも登載されている重要基本判例であるが、ほかにも「租税」に当たるかが争点となった事例はある。例えば、保育園の保育料が「租税」に当たるかが争点となった最（二小）判平2.7.20・集民160号343頁がある（同判決では本判決のような詳細な検討はされていないが、議論すべき内容は類似している）。

また、ガーンジー島で日本法人の子会社が支払った税金が、税率の選択制が認められている点で「租税」には当たらないのではないかが問題になった事例もある。同事件で最高裁は、下級審と異なり「租税」に当たると判示し、課税処分を取り消している（最〔一小〕判平21.12.3・民集63巻10号2283頁）。

CASE 19 ▶ 事業専従者控除と法の下の平等

> 福岡高判昭60.8.29・行集36巻7・8号1252頁

　前記認定説示のとおり、被告が原告に対して、昭和45年に遡って青色申告承認を取消した処分は適法であり、原告には青色専従事業者は認められないから、被告がTを白色事業専従者として取扱い、昭和46年法律第18号による改正前の旧所得税法57条3項にしたがい、その専従者控除額を15万円としたのは相当というべきであり、30万円の控除を主張する原告の主張は理由がない（★1）。

　また原告は、親族の専従者給与について、所得税法57条3項は、親族を労働に従事せしめるが故に他人を使用する場合よりも多額の税金を負担しなければならない制度であって、法の下の平等を定めた憲法14条に違反すると主張するけれども（★2）、1 わが国では、必ずしも家族従業員に給与等対価を支払う慣行がなく、却って、家族従業員に多額の給与等を支払う形式を取って経費を水増しし、あるいは現実に労働に従事していない家族従業員に右対価を支払う例も少なくないこと、2 そのため家族間の恣意的な取決めによる税負担のアンバランスをもたらすことを防止する目的のために、所得の基因となる一切の取引が正確に組織的かつ継続的に記録された信頼性の高い帳簿を備付けていない白色申告者の親族に対する事業専従者給与控除を制限する必要があること、3 そして、専従者控除の制限の態様も必要経費性を全く否定するものでないばかりか、青色申告制度を活用することによって専従者控除の対象を拡げる途もあること、以上の諸点を考慮すれば、親族と他人との間で経費性に差異を設けた所得税法57条3項は、合理的な差別というべきであって憲法14条に違反しないから、原告の主張は失当である（★3）。

本項のポイント

　前項では、「租税」とは何かについて正面から問題になった旭川国民健康保険事件（最〔大〕判平18.3.1・民集60巻2号587頁）を取り上げた。

　租税法律主義の内容として、①課税要件法定主義、②課税要件明確主義の2つが挙げられることが多いが、いずれについても「租税」とは何であるかが確定できなければ、その適用の有無を検討することもできない。同事件に限らず「租税」の意義が問題になった事案はほかにもある（最〔二小〕判平2.7.20・集民160号343頁、最〔一小〕判平21.12.3・民集63巻10号2283頁）。憲法にも国税通則法にも定義規定はない以上、改めて「租税」の内容について確認をしておくことが重要である。

　本項では、専従者控除を定めた所得税法57条3項（規定は当時の条文）の合憲性が問題になった事案を取り上げる。

　専従者控除は、所得税法における位置づけとしては、個人単位主義（原則）の例外である生計を一にする親族等の規定（所法56）のさらなる例外としての青色専従者給与（所法57）と並び、専従者に対する一定額の必要経費控除が認められた規定である。納税者（原告）は、この専従者控除の規定が法の下の平等を定めた憲法14条に違反すると主張した。

　なお、以下に引用した判決は、福岡高裁昭和60年8月29日判決だが、実際には原審である長崎地裁昭和59年11月30日判決・行集35巻11号1978頁の判決理由が控訴審である同福岡高裁判決で引用されている。

① 課税単位について

（1）日本の所得税法における原則（個人単位主義）

課税の単位をどのレベルで捉えるべきかについて（課税単位〔tax unit〕、日本の所得税法は、現在では原則として「個人単位主義」を採用している。

戦前の日本では世帯単位主義が採用されていたが、個人主義が導入された日本国憲法の下では、所得の課税単位も「個人」を原則とするとされたのである。

（2）例外としての所得税法56条及びさらなる例外としての57条

もっとも、生計を一にする配偶者等の親族に対して、事業所得者などが当該所得を生ずべき事業に従事したことなどにより、対価の支払を受ける場合は、当該対価を事業所得者の必要経費には算入しないとの規定がある（所法57）。

典型例は、個人事業を営む夫が内助の功として事業を手伝ってくれた財布のひもを1つにする同居の妻に、その対価として給料を支払った場合である。56条によれば原則としてこの給料の支払をXの事業所得の収入金額から必要経費として算入することはできない（同条1項）。

もっとも、その対価（給料）を得た妻の所得（収入金額）になることもない（同条3項）。個人単位主義の例外として、ここでは夫婦をグループとして課税単位としてみる扱いがされている。

（3）56条が、57条の場合だけ例外を認めている点

この規定（所法56）の例外として、所得税法57条が事業専従者について必要経費の控除を認めている点については（青色申告者については1項、白色申告者については3項）、最高裁判決がある。「個人で事業を営む者と法人組織で事業を営む者との間で税負担が不均衡とならないようにすることなどを考慮して設けられた規定である」ことなどを理由に、所得税法56条が同法「57条の定める場

合に限って56条の例外を認めていることについては、それが著しく不合理であることが明らかであるとはいえない。」として、憲法14条1項に違反しないことが明らかにされている（配偶者が独立した事業者である場合にまで同条が適用されるかについて問題になった事案でもあるCASE 7の最〔三小〕判平16.11.2・訟月51巻10号2615頁を参照されたい）。

②　本判決の内容

　本判決では、青色申告の承認を取り消された納税者（原告）が、その効果として青色事業専従者給与（所法57①）ではなく、白色申告者の事業専従者控除（同条3項）の対象とされたため（★1）、事業専従者控除（所法57③）の規定が法の下の平等に反すると主張した（★2）。結論として、★3における引用判示記載の3点（1から3）を理由に、立法目的との関係から「合理的な差別（区別）」であるとされた（本判決が出る数か月前に判示されている大島訴訟（最〔大〕判昭60.3.27・民集39巻2号247頁）がここでも参照されるべきことになる）。

　「信頼性の高い帳簿を備付けていない白色申告者の親族に対する事業専従者給与控除を制限する必要」性（理由2）については、平成23年改正によってさほどの差異はなくなったともいい得るが、本判決はこの点のみを理由にしていない（理由1、3参照）。

CASE 20 ▶ 地方団体が制定した法定外税条例が無効とされた事例

> **最（一小）判平25.3.21・民集67巻3号438頁**

　普通地方公共団体が課することができる租税の税目、課税客体、課税標準、税率その他の事項については、憲法上、租税法律主義（84条）の原則の下で、法律において地方自治の本旨を踏まえてその準則を定めることが予定されており、これらの事項について法律において準則が定められた場合には、普通地方公共団体の課税権は、これに従ってその範囲内で行使されなければならない（★1）。

　そして、地方税……法の定める法定普通税についての規定は、標準税率に関する規定のようにこれと異なる条例の定めを許容するものと解される別段の定めのあるものを除き、任意規定ではなく強行規定であると解されるから、普通地方公共団体は、地方税に関する条例の制定や改正に当たっては、同法の定める準則に拘束され、これに従わなければならないというべきである（★2）。……法定外普通税に関する条例において、同法の定める法定普通税についての強行規定に反する内容の定めを設けることによって当該規定の内容を実質的に変更することも、これと同様に、同法の規定の趣旨、目的に反し、その効果を阻害する内容のものとして許されないと解される（★3）。……法人税法の規定の例により欠損金の繰越控除を定める地方税法の規定は、法人事業税に関する同法の強行規定であるというべきである（★4）。

　……法人事業税の所得割の課税標準（平成15年法改正前は法人事業税の課税標準。以下同じ。）である各事業年度の所得の金額の計算においても、……各事業年度間の所得の金額と欠損金額の平準化を図り、事業年度ごとの所得の金額の変動の大小にかかわらず法人の税負担をできるだけ均等化して公平な課税を行うという趣旨、目的から、地方税法の規

定によって欠損金の繰越控除の必要的な適用が定められているものといえるのであり、……たとえ欠損金額の一部についてであるとしても、条例において同法の定める欠損金の繰越控除を排除することは許されず、仮に条例にこれを排除する内容の規定が設けられたとすれば、当該条例の規定は、同法の強行規定と矛盾抵触するものとしてこれに違反し、違法、無効であるというべきである（★5）。……特例企業税を定める本件条例の規定は、地方税法の定める欠損金の繰越控除の適用を一部遮断することをその趣旨、目的とするもので、特例企業税の課税によって各事業年度の所得の金額の計算につき欠損金の繰越控除を実質的に一部排除する効果を生ずる内容のものであり、各事業年度間の所得の金額と欠損金額の平準化を図り法人の税負担をできるだけ均等化して公平な課税を行うという趣旨、目的から欠損金の繰越控除の必要的な適用を定める同法の規定との関係において、その趣旨、目的に反し、その効果を阻害する内容のものであって、法人事業税に関する同法の強行規定と矛盾抵触するものとしてこれに違反し、違法、無効である（★6）

本項のポイント

　前項では、事業専従者控除について定めた所得税法57条3項の規定が、法の下の平等（憲法14①）に違反しないかが争われた事案を扱った。租税立法の合憲性判定については、繰り返し指摘している大島訴訟・最高裁判決（最〔大〕判昭60.3.27・民集39巻2号247頁）で示された審査基準（立法目的を達成するために手段として著しく不合理でない限りは合憲との緩やかな判断枠組み）が前提になる。そのため、租税立法が憲法違反であるとの判断がなされた最高裁判決は存在しない。

　本項で取り上げる事案は、課税自主権を持つはずの地方団体が地方税法に基づき制定した法定外普通税（神奈川県臨時特例企業税条例〔以下「本件条例」という〕に基づく臨時特例企業税）が、「法

律の範囲内」（憲法94）を超えているとして、無効とされたものである。

最高裁は、憲法94条に違反すると言及しているものではないが、条例は「法律の範囲内」で制定されることを憲法94条が求めているため、実質的には憲法違反との判断がなされたということもできる事案である。

複雑な事案であるが、本稿では、その要旨を簡潔に整理する。

① 最高裁の判断

① 本件の税条例は、地方税法4条3項の規定に基づく法定外普通税として制定された。法定外普通税とは、同法が定める法定税とは「別に税目を起こして……課することができる」もので、地方団体に認められた独自課税の方法である。

　法定外普通税の制定について、同法は手続規定を設けている（同法259条－261条）。本件条例に、いずれも適式に経ていた（財務大臣の異議もなく、地方財政審議会の意見聴取も行われ、総務大臣の同意も得ていた）。

② 最高裁は、条例が「法律の範囲内」といえるかについて、「両者の対象事項と規定文言を対比するのみでなく、それぞれの趣旨、目的、内容及び効果を比較し、両者の間に矛盾抵触があるかどうかによって」判定するとの先例（最〔大〕判昭50.9.10・刑集29巻8号489頁）を引用し、税条例については「法律の準則」の範囲内であるべきことを判示した（★1）。

　その上で、法定普通税の規定は原則として強行規定であるとし（★2）、これを実質的に変更し、又は趣旨、目的に反する税条例も許されないとした（★3）。

③ 以上を前提に、繰越欠損金は所得金額と欠損金額の平準化を図

り、課税の公平を図る趣旨であり、この強行規定と矛盾抵触する条例は違法・無効になると判示した（★4 ★5）。

そして、本件条例は、欠損金の繰越控除の適用を実質的に一部排除する効果があるとして、違法・無効と判断した（★6）。

②検　討

強行規定である欠損金の繰越控除について、本件条例は一部であるがこれを実質的に遮断する効果を持つため、地方税法の趣旨・目的に違反するとの判断である。

しかし、法定外普通税は「国税又は他の地方税と課税標準を同じく」する場合でも、「住民の負担が著しく過重とな」らないものであれば許容されると読める法の枠（準則）が、地方税法261条1項1号には示されている。

この点についての考慮なく、財政状況などの緊急性から制定された期限付きの税条例を無効と判断すべきであったのか、疑問が残る。課税自主権を尊重する立法がなされるなかで、本判決は、法定外普通税の活用場面を限定する方向性を示した（金築誠志裁判官・補足意見参照）。

column

＃2 違憲審査基準とは？

　裁判所には法律が違憲かどうかを判断する権限があります（違憲審査権：憲法81条）。租税立法では、専門技術的な見地と租税法律主義（民主主義）の見地から、立法府（国会）に裁量が認められ、裁判所が違憲といえるのは、立法目的が正当といえない場合か、目的が正当でも手段として立法内容が著しく不合理であることが明らかである場合に限られます（大島訴訟の最高裁判決を参照）。

　この立法の違憲性を裁判所が判断する基準を「違憲審査基準」といいます。違憲審査基準は、どのような人権が侵害されているかによって、使い分けられているのが実情です。

　例えば、表現の自由（憲法21）のような精神的自由権の規制立法の場合は、職業選択の自由（憲法22①）のような経済的自由権の規制立法よりも厳しく判断すべきだと考えられています（二重の基準）。これは規制目的によって基準を使い分けるダブル・スタンダードです。

　立法が法の下の平等（憲法14条1項）に違反するかを判断する場合は、同条同項の列挙事由（人種、信条、性別、社会的身分、門地）の差別は厳しく判断し、それ以外の区別は緩やかに判断をするとの考え方もあります。

　しかし、非嫡出子（婚外子）の相続分を嫡出子の相続分の2分の1と定めていた民法900条4号ただし書（平成25年改正前）の合憲性を判断した最高裁は、相続制度の制定に立法裁量があることを認めながら、特に厳しい違憲審査基準を立てることなく（合憲判断をした平成7年大法廷決定と同じ緩やかな基準で判断したと評されています）、違憲としました。

　違憲審査基準は、整理すると、厳しく判断する「厳格な基準」と緩やかに判断する「合理性の基準」の中間に「厳格な合理性の基準」

があるという理解が、通説的な見解です。しかし、最高裁（裁判所）が採用している基準は、この3つできれいに整理できるものではありません。そこにギャップがあり、理解をむずかしくしているようです。

File
03

CASE 21 ▶ 不動産取得税について示された税法解釈の手法

> **東京地判平21.6.26・公刊物未登載**

（2）「不動産の取得」の意義

　法73条の2第1項にいう「不動産の取得」とは、他に特段の規定がない以上、不動産の所有権の取得を意味するものと解するのが相当であるところ、（略）不動産取得税は、不動産の所有権の移転の事実自体に着目して課税されるものであることからすれば、「不動産の取得」とは、取得原因、目的、取得の有償、無償を問わず、また不動産の取得者が実質的に完全な内容の所有権を取得するか否かに関係なく、所有権移転の形式による不動産の取得のすべての場合を含むと解するのが相当であり、必ずしも当該不動産を取得した結果、資産の増加又は経済的利益の増加を生じる場合のみを指すものではないと解するべきである（最高裁昭和48年11月16日第1小法廷判決（略）参照）（★1）。

（略）

（3）不動産取得税に関する非課税規定の趣旨及び内容

　ア　法は、73条の2第1項において、すべての「不動産の取得」について一般的に課税する旨規定した上で、73条の3以下において政策的に非課税とすべき場合についての除外規定を置いている（★2）。（略）そこで、税法規定の解釈指針となる租税法律主義の内容を検討する（★3）。

　イ　租税法律主義（憲法84条）は、課税の賦課徴収に関する規定を、国民の代表機関である国会の制定した法律中に厳格詳細に規定することにより、課税庁の恣意的な法の解釈、適用及び運用、執行を阻止し、もって国民の権利を擁護し、国民主権（憲法1条）を実現させようとしたものである（★4）。そのため、納税義務者、課税標

準等の課税要件及び租税の賦課徴収の手続は、法律により定められなければならず（課税要件法定主義）、課税要件は、実定法上内容が多義的ではなく明確な規定が置かれなければならない（課税要件明確主義、自由裁量の排除）。これにより、課税庁は、税法の規定するところに従って納税者から租税の賦課徴収をしなければならず、課税庁の恣意的判断によって税法が解釈適用されてはならないことが要請される（★5）。

したがって、税法の規定においては、不確定概念、概括条項、自由裁量規定を導入することはできず、その解釈においても、とりわけ厳格な解釈が要請され、拡張解釈、類推解釈は禁止されるものと解するべきである（★6）。

（略）しかし、たとえ納税者に有利な方向の解釈であっても、解釈の幅を広げることにより、課税庁の恣意的な解釈を許すことになるし、本来課税されるべき場合において課税されない者が出現してしまうことにより、税負担の公平性が損なわれてしまうので、このような解釈をとることはできない（★7）。（略）

本項のポイント

前項では、地方団体が地方税法に基づき制定した条例が、無効（憲法94参照）とされた事案を扱った。

課税自主権を持っている地方団体が、地方税法という手続に則って制定した税条例が無効とされたインパクトは大きい。

しかし、法定税の規定を強行規定とし、さらに繰越欠損金控除制度の趣旨目的まで勘案した上で、法定外普通税という根拠法のある条例が無効とされたことで、法定外税の制定がむずかしくなった点は問題である。

本項で取り上げる事例は、前項に続き地方税についての判決である。都道府県税としての不動産取得税について、非課税ではないか

との納税者の主張に対して、裁判所は税法解釈の手法について明らかにしながら判断をした点で、地裁の裁判例ではあるが参考になる。

①　事案の概要

　電鉄会社が、宅地造成工事を行うに際し、原告（納税者）から土地の提供を受け、工事終了後、別の土地を返還し、その所有権を移転したところ、原告の同土地取得に対し、不動産取得税賦課決定処分がなされた。

　これに対し、原告は、地方税法73条の2第1項が定める不動産取得税については、本件のような土地区画整理事業における目的不動産の返還については流通移転と評価できず、「流通税」である不動産取得税の趣旨（流通移転の事実）が認められないなどとして、処分の取消しを求めた。

②　裁判所の判断

　裁判所は、不動産取得税の課税要件である「不動産の取得」について、他に規定がないことから「不動産の所有権の取得」であると解した上で（借用概念といえるだろう）、下線のように流通税である以上、所得税のような経済的利得などは不要であると判示した（★1）。実質をみるのではなく、形式をみるというものである。

　その上で、除外規定（非課税規定）について（★2）、税法解釈の視点になる租税法律主義（憲法84）の内容を検討した（★3）。その趣旨は「恣意的な法の解釈、適用」を防止することにあるとし（★4）、そのため課税要件明確主義の観点から「恣意的判断」による税法の解釈適用が禁止されると判示した（★5）。その結果、「厳格な解釈」が要請され、拡張解釈・類推解釈が許されないとした（★6）。

ここまでは一般的な理解であるが、さらに（★7）の下線で、納税者に有利な方向の解釈も「恣意的な解釈」である点には変わらず許されないとした点が注目される。

　これは、「納税者の負担を拡大する方向で、税法の規定を拡大解釈又は類推解釈することはできないが、納税者に有利に、その負担を軽減する方向において、拡大解釈又は類推解釈することは禁止されないという見解もある」との考えを受けてなされた判示である。

(3) 検　　討

　上記のように、納税者に有利な方向での解釈（拡張・類推・縮小（限定）解釈）が可能であるかという点については、議論がある。

　租税法律主義を納税者に対する課税の予測可能性の保障にあると考えれば（この点を重視すれば）、納税者に有利な方向であれば救済をする解釈は許されるとの考えになり得る（最〔二小〕判平20.10．24・民集62巻9号2424頁は、課税の公平を図る見地から（納税者に有利な）合理的な類推解釈を行ったと評価されている〔鎌野真敬「判解」最高裁判所判例解説民事篇平成20年度・542頁参照〕）。

　これに対して、本判決のように「恣意的な解釈」を防ぐことにあるという点に重きを置くと、納税者に有利・不利を問わず、厳格な解釈がなされるべきとの考えにつながる。

CASE 22 ▶ 事実婚の未認知の子等の扶養控除

最（一小）判平3.10.17・訟月38巻5号911頁

　所得税法（本件昭和57年分及び同58年分の各更正に関しては同59年法律第5号による改正前のもの、同59年分の更正に関しては同61年法律第109号による改正前のものをいう。以下同じ。）2条1項34号に規定する親族は、民法上の親族をいうものと解すべきであり、したがって、婚姻の届出をしていないが事実上婚姻関係と同様の事情にある者との間の未認知の子又はその者の連れ子は、同法84条に規定する扶養控除の対象となる親族には該当しないというべきである（★1）。これと同旨の原審の判断は、正当として是認することができ、原判決に所論の違法はない。

　右未認知の子等を扶養控除の対象から除外している所得税法84条、2条1項34号の規定が憲法14条1項に違反するものでないことは、当裁判所昭和55年（行ツ）第15号同60年3月27日大法廷判決（民集39巻2号247頁）の趣旨に徴して明らかである（★2）。また、その余の違憲の主張は、ひっきょう、所得税法における扶養控除制度に関する立法政策上の適不適を争うものにすぎず、違憲の問題を生ずるものでないことは、当裁判所昭和28年（オ）第616号同30年3月23日大法廷判決（民集9巻3号336頁）、同昭和51年（行ツ）第30号同57年7月7日大法廷判決（民集36巻7号1235頁）の趣旨に徴して明らかである（★3）。

本項のポイント

　前項では、東京地裁平成21年6月26日判決・公刊物未登載を取り上げた。道府県税としての不動産取得税について、非課税規定が適用されるのではないかとの主張がなされ、税法解釈の方法が問題になった。税法解釈では文理解釈が原則であることについては、いわゆる「ホステス源泉徴収事件」(最〔三小〕判平22.3.2・民集64巻2号420頁)に示されたとおりであるし、「武富士事件」(最〔二小〕平23.2.18・集民236号71頁)の須藤裁判官補足意見などによれば、一般的に税法解釈では許されないとされている拡張解釈や類推解釈について、納税者に有利な方向な場合はどうなのかの議論もあるが、東京地裁平成21年判決は納税者に有利でも拡張解釈は許されないと判示した判決として、参考になる。

　地方税が続いたが、本項は、所得税である。内縁関係(法律上の婚姻関係にはない事実婚)の未認知の子や内縁の妻の連れ子につき、「親族」としての所得税法上の扶養控除が認められるかどうか、認められない場合、違憲ではないかが争われた事案である。

① 事案の概要

(1) 事実関係

　納税者(上告人)は、事実婚の関係にあるAとの間に生まれた子(認知をしていない)と、Aの連れ子3人(養子縁組はしてない)の合計4名の子と同居しており、生計を一にしていたが、「親族」(民法725)に当たらないため、扶養控除は認められないとして、所得税の更正処分等を受けた。

(2) 事案の争点

　主な争点は、内縁の妻との間に生まれた未認知の子とその連れ子が、扶養控除(所法84)の対象としての「親族」(所法2①三四)

に該当するか（争点1）、該当しない場合、それは憲法（13、14、25等）に違反しないかであった（争点2）。

② 裁判所の判断について

(1) 争点1について

最高裁平成3年10月17日第一小法廷判決（以下「本判決」という）は、★1のとおり、所得税法2条1項34号の「親族」は民法上の「親族」をいうと判示し、これに当たらない以上は（民法725条は「六親等内の血族」「配偶者」「三親等内の姻族」を親族と定めており、内縁関係から生まれた未認知の子や内縁の妻の連れ子はこれに当たらない）、扶養控除の適用は受けられないと判示した。

この点については「親族」が民法の借用概念であることから、判例・通説によれば、たしかに原則として民法（私法）と同じ意義に解すべきことになる（前掲の武富士事件で最高裁判決が判示した、相続税法上の「住所」の意義を参照されたい）。

しかし本件では、上記事実関係のとおり、届出がないだけであり（つまり、民法上の親族には当たらないだけで）、現実に同居して子を養っている、という扶養の事実はある事案であった。それにもかかわらず、借用概念であるからという理由だけで、民法と同じに解してよいといえるのかについては疑問が残る。下級審も同じ結論であったが、原審（東京高判平元.9.19・税資173号744頁）は、「諸外国においては、婚姻関係、親子関係の変化が著しく、事実上の子の数が増大しているとして、さまざまな手当が立法されているとしても、そのことから直ちに、現段階において、所得税法上の親族に事実上の子が含まれると解釈することも相当でない」と判示している点が注目される（非嫡出子の相続分を嫡出子の2分の1としていた民法の規定がこれまでの最高裁の判例を変更した上で違憲と判断した最〔大〕判平25.9.4・民集67巻6号1320頁が、判決理由で判例変更前の最高裁平成7年大法廷決定以降に諸外国で非嫡出子の

差別規定が撤廃されたことを指摘していた点を参照）。

（2）争点2について

最高裁は民法上の「親族」に当たらないとして扶養控除を認めなかったが、そのように解釈することは違憲の問題を生じるのではないか。

この点、本判決は★2のとおり、大島訴訟判決を持ち出している。しかし本書で繰り返しみた昭和60年大法廷判決の基準によっても、同居して現実に扶養している者について、民法上の親族でないことを理由に所得控除を認めないことには、目的の正当性も手段の合理性も果たして認められるのか疑問である（第1審・東京地判昭62.12.16・判タ661号167頁で検討されているが、立法裁量をいうのみで説得力に欠ける）。

また、★3で引用された先例（最高裁判決）は本件と異なる事案である。いずれについても、憲法論の議論があまりに少なく説得力を欠く。

③ まとめ

争点1・2ともに、課税最低限（憲法25）としての機能を持ち、担税力の観点から定められた扶養控除（所得控除）の趣旨に照らし、考えたときにこの結論でよいのかにつき、明確な理由が示されるべきであったと思う。

CASE 23 事実婚における配偶者控除

> **最（三小）判平9.9.9・訟月44巻6号1009頁**

所得税法83条及び83条の2にいう「配偶者」は、納税義務者と法律上の婚姻関係にある者に限られると解するのが相当であり、これと同旨の原審の判断は、正当として是認することができ、原判決に所論の違法はない（★1）。

> **名古屋地判平7.9.27・税資213号694頁**

「所得税法は、一定の要件の下に、配偶者を有する者について、配偶者控除及び配偶者特別控除を認めている（★2）。所得税法は、ここでいう「配偶者」について定義規定を置いていないが、身分関係の基本法たる民法は、婚姻の届出をすることによって婚姻の効力が生ずる旨を規定し（739条1項）、そのような法律上の婚姻をした者を配偶者としている（725条、751条等）から、所得税法上の「配偶者」についても、婚姻の届出をした者を意味すると解すべきことになる（★3）。

（略）憲法14条は、不合理な差別を禁止する旨の規定であるところ、法律が婚姻の方式として届出を要するとすることには、右のとおり十分な合理性があり、婚姻の届出をした配偶者やその者との間の子を有する者について配偶者や子に関する所得控除が認められ、婚姻の届出をしていない事実上の配偶者やその者との間の子を有する者に右所得控除が認められないとしても、そのことは、右のような婚姻の方式に届出を要する制度をとった以上やむを得ないことであるということができるから、それをもって不合理な差別ということはできない（★4）。

本項のポイント

　前項では、内縁関係の未認知の子や内縁の妻の連れ子が「親族」（民法725）に当たらないことを理由に、所得税法上の扶養控除が認められないことが、憲法に違反しないかが争われた事案（最〔一小〕判平 3.10.17・訟月38巻5号911頁）を扱った。同事案では、①そもそも扶養控除の対象にならないか、②ならないとした場合は当該所得税法の規定は違憲ではないか、の2点が争点になった。①については、借用概念の統一説によっても、民法の概念と同一に考えるべきなのはあくまで原則であると考えられている以上、現実に扶養を行っている事例において扶養控除を認めない結論が妥当であるのか、との疑問を指摘した。②についても、大島訴訟の昭和60年大法廷判決の判示（憲法14条の違憲審査基準）に照らしても、目的の正当性や手段の合理性が認められるのかの疑問があることを指摘した。

　本項の判決も、論点は類似している。上記判決から6年後の最高裁判決であり、内縁関係にある配偶者に扶養控除が認められないことが違憲ではないかが争われた。最高裁判決がきわめて簡潔な判示をするのみであるため、理由の詳細がある第1審判決（名古屋地判平7.9.27・税資213号694頁）も、あわせて引用する。

① 争点の整理

事実上の婚姻関係にある（法律上の婚姻届出はないが、社会的には夫婦として生活をしている）内縁の妻に、①所得税法上の「配偶者控除」が認められるか、②認められない場合は、憲法に違反しないかなどが争いになったほか、③医療費控除や社会保険料控除などについても、同様の点が争われた。このうち、メインである、①の論点を取り上げる。

② 最高裁判決の内容

最高裁判決は、きわめてシンプルな判示をするのみである（★❶）。のとおり、配偶者控除の対象になる「配偶者」の意義について、最高裁は、借用概念の統一説にならい、民法上の配偶者を指すこと、したがって、法律上の婚姻関係にない内縁の妻はこれに含まれないことを判示した。そうである以上、違法の問題はないとしている（引用はしていないが、違憲の問題もないとしている）。

③ 検　討

(1)「配偶者」の意義

税法が民法等の他の法分野の概念をそのまま定義規定を置くことなく用いている場合、その意義をどのように解すべきかについては、税法が侵害規範である以上、法的安定性を確保するべく、原則として他の法分野と同じ概念で捉えるべきであると考えられている（借用概念における統一説）。

しかし、あくまで、原則であり、税法の趣旨目的から他に捉えるべき場合には、これを許容するのが統一説の一般的な理解である（例えば、所得税法60条1項1号の「贈与」の意義について、民法と異なる判断をした最〔三小〕判昭63.7.19・判時1290号56頁を参照）。そうであれば、所得税法83条が定める「配偶者」とは何か

(同法が定める配偶者控除制度における「配偶者」とは何を指すべきか)についての解釈論が当該規定の趣旨目的の観点から行われるべきであったと思われる。この点について、第1審判決をみても、★2、★3の形式論が判示されるのみで、民法どおりであることがただ述べられているだけである(「一定の要件の下に」との判示がある程度である)。

(2) 合憲性

「法の下の平等」(憲法14)に違反しないかについても、1審で★4の判示があるほか、控訴審では「民法が婚姻の方式として届出を要するとすることは、要件の欠けた婚姻の発生を防止するとともに婚姻の成立を公示するための制度として、十分に合理性を有する」点から、届出のない事実上の配偶者に控除を認めなくても「やむを得ない」と判示されている(名古屋高判平7.12.26・税資214号1048頁)。

しかし、最高裁昭和60年大法廷判決が示した目的の正当性や、手段の合理性について詳細な検討がなされていない点で、前項の最高裁平成3年判決と同様の指摘ができる。

なお、生存権(憲法25)違反についても主張があった。1審は、「所得控除を認めなくとも、直ちに健康で文化的な最低限度の生活を営むことができなくなるわけではない上、(略)控除が認められないことは、右のとおり合理性を欠くものではない」として、25条違反もないと判示した。担税力に応じた課税を行うべき所得課税の本質や、憲法25条(課税最低限)の現れとして認められていると考えられる配偶者控除について、本来こうした観点からの議論がなされるべきであり、説得力に欠ける理由といわざるを得ない。

CASE 24 ▶ 損害賠償金の必要経費不算入規定の合憲性

> 東京地判平21.6.26・税資259号順号11234（注）

……①租税は財政需要の充足を目的とするものであり、高度の公益性を有するものであって、憲法も国民の納税義務を定めているところであり（憲法30条）、また、民法の規定する相続制度が憲法に違反するものでないことは明らかであるから、所得者がその所得に応じた所得税の納税義務を負担すること、又は所得者の相続人が当該納税義務を相続することが、所得者又はその相続人の憲法上の権利を侵害するものとはいえないこと（★1）、②別件判決において命じられた亡丙の損害賠償義務は、亡丙の本件騙取行為という故意による違法行為を原因とするものであって、損害賠償の制裁的意義を確保するという点からは、このような場合の損害賠償金を必要経費に算入しないことは十分に合理性を有するものということができ、他人の権利を侵害したことにより支払う損害賠償金のうち故意又は重過失による場合に限って必要経費に算入しないこととする所得税法45条1項7号及び所得税法施行令98条の2の定めには、上記のような趣旨において合理性が認められること（★2）、③原告らは、亡丙の相続に関して限定承認又は相続放棄を選択することもできたのであるから、そのような選択をすることなく亡丙の権利義務を包括的に承継した以上、亡丙の本件報酬金等の取得を原因とする所得税の納税義務及び本件騙取行為に基づく損害賠償義務を負担することは必ずしも不当とはいえないこと（★3）、④このように解さなければ、相続という偶然の事情によって、租税債権の満足を得られなくなり、ひいては租税負担の公平を保てなくなるおそれがあること（★4）などに照らすと、

（注）　控訴審・東京高判平21.10.14・税資259号順号11291もこれを維持し、最（三小）決平22.4.13（不受理）・税資260号順号11417で確定。

本件通知処分により、亡丙の相続人である原告らが、別件判決により損害賠償義務を負担するにもかかわらず、亡丙の本件報酬金等の取得を原因とする所得税の納税義務を負担することになることが、憲法13条、14条、25条又は29条に違反するものということはできない（★5）。

本項のポイント

　前項では、内縁関係にある配偶者に扶養控除が認められないことが違憲ではないかが争われた事例を取り上げた。最高裁判決は簡潔な判示をするのみであるため、下級審判決の判示も引用しながら解説をした。大島訴訟判決により、租税立法については緩やかな違憲審査基準が採用されることはやむを得ないとしても、その当てはめは十分になされるべきである。この点の検討が不十分な判示であった。

　本項では、目線を変え、故意又は重過失により他人の権利を侵害したことで生じた損賠償金について、所得税法上の必要経費に算入することを認めない所得税法45条1項7号及び所得税法施行令98条の2（現行98条。以下この点は省略）の合憲性が問題になった事案を取り上げる。憲法解釈のみが大きな争点となった事案ではないため、本項で取り上げる東京地裁平成21年6月26日判決・税資259号順号11234の判示は、判決全体の中ではごく一部であるが（3つある争点のうち、最後の1つに過ぎない）、憲法解釈が問題になった論点であるため、取り上げた。

① 事案の概要

本件は、被相続人が約束手形の回収の報酬等として受領した金員に関し、相続人らが当該所得税の納税義務を承継したとして決定処分等をされたあとに、被害者から上記報酬は詐欺によるものであるとして損害賠償請求訴訟が提起され、相続人らに対してその支払を命ずる判決が確定したところ、相続人らがこれを理由に更正の請求（通則法23②一等）を行ったがこれが認められなかったため、同人らが当該理由がない旨の通知処分の取消しを求めて提訴した事案である。

② 争点とその判断

（1）争点1及び2

更正の請求については、国税通則法上のものと（争点1）、所得税法152条・同法施行令274条1号によるものと（争点2）、それぞれ争点になったが、裁判所はいずれも認めなかった。争点1について、原告らは、損害賠償金の支払を命ずる別件判決の確定を理由に、必要経費に算入すべきと主張したが、所得税法45条1項7号及び同法施行令98条の2が定める必要経費不算入の要件（故意又は重過失）は、更正の請求を行う者を基準に考えるのではなく、所得を得た者（本件では被相続人）を基準にすべきであるとされ、認められなかった。争点2については、返済済みの金員を除き、被相続人が得た利得について返済がなされていない以上、報酬等の利得について「経済的成果が失われた」とみることはできないとし、これも認められなかった。

（2）争点3

最後に、争点3として判示されたのが、相続人らが損害賠償義務を負い、かつ、被相続人が得た所得について所得税の納税義務を負うことは違憲であるとの主張である。

原告らは、被相続人と被害者との関係などについてまったく関知しておらず、しかも、原告らは被相続人が得た経済的利益を享受していない以上、相続人であるというだけで、損害賠償金の支払義務を負ったにもかかわらず、多額の所得税の納税義務を負担させられるのは、憲法13条、14条、25条又は29条に違反すると主張した。

　裁判所は、引用判示のとおり、所得を得た者がその所得に応じて所得税の納税義務を負うこと（★1）、それが相続によって承継される場合でも民法上相続放棄などの手段がある以上、これを相続人に承継させることに不当性はないこと（★3）など（★2）、★4を理由に合憲と判断した（★5）。この判断のなかで、所得税法45条1項7号等が故意又は重過失により生じた損害賠償金について必要経費算入を認めていないことは「損害賠償の制裁的意義を確保する」もので、合理性があるため、違憲ではないと判示した（★2）。

③　まとめ

　所得税法45条1項7号等による必要経費不算入の規定は、政策的なものであり、判示が指摘する合理性もあると考えられるから、違憲とはいえないであろう。本判決の前提には、違法所得（不法所得）も所得に当たり、返還された場合には更正の請求で対応すればよいとの考えがあるといえる（最〔三小〕判昭46.11.9・民集25巻8号1120頁）。本件は返還前の金額が対象であった点がポイントになるといえるだろう。

CASE 25

職務発明の対価としての和解金を譲渡所得に当たらないとする解釈の合憲性

大阪地判平23.10.14・裁判所HP

……確かに、法的安定性や予測可能性の観点から、租税に関する法律は原則としてその文言に即して解釈されなければならない（★1）。しかし、その文言の通常の意味を踏まえつつ、その法条の趣旨目的に即した解釈をすることは許されるというべきであり、上記……で示した解釈が租税法律主義の原則（厳格な文言解釈の要請）に悖るものではないというべきである（★2）。

　特許法35条の定める「相当の対価」は、文字どおり特許を受ける権利等の対価的性質を有するものではあるが、権利の承継時に実現した部分を除いては、譲渡によって実現した所得ということはできず、「譲渡による」所得に該当せず、特許法が定めた相当の対価支払請求権が具体化することによって実現した所得と解されるのであり、このような解釈が所得税法の文言に反するものではない（★3）。

本項のポイント

　前項では、故意又は重過失により他人の権利を侵害したことで生じた損賠償金について、必要経費の算入が否定される所得税法45条1項7号及び所得税法施行令98条の2（現行法98条）の合憲性が問題になった事案を取り上げた（東京地判平21.6.26・税資259号順号11234）。個別税法の規定の合憲性の問題を取り上げたが、雑所得に損益通算が認められない所得税法69条1項の合憲性が問題になった事案もあるように（福岡高判昭54.7.17・訟月25巻11号2888頁）、「法律の規定だから、正しい」と決めつけるのでなく、憲法との関係（整合性）を考えることは重要である（少なくとも、なぜ合憲といえるのかを考えることが重要である）。

　本項では、大阪地裁平成23年10月14日判決・裁判所HP（控訴審・大阪高判平24.4.26・税資262号順号11941）を取り上げる。

　憲法論そのものが問題になった事案ではない。特許法35条3項の規定に基づき会社から従業員に支払われた和解金（職務発明についての「相当の対価」）が譲渡所得に当たるかが争われた事案であるが、そのなかで判示された租税法の解釈方法を検討したい。

① 事案の概要

　特許法35条3項の「相当の対価」の支払を求めて訴えを提起し和解金（3,000万円）を受領した原告が、雑所得として申告したあと、譲渡所得に当たるとして更正の請求を行ったところ、譲渡所得には該当しないとの更正すべき理由がない旨の通知処分がなされたため、同人がその取消しを求める訴えを提起した事案である。

　裁判所は譲渡所得には当たらず雑所得に当たると判示したが、原告は憲法論として以下の主張を行っていた。

② 当事者の主張と裁判所の判断

（1）当事者の主張

　原告は、特許法35条3項について、「特許を受ける権利若しくは特許権を承継させたこと」の対価として従業員が相当額の金員を受け取るべきことを定めるものであって、そこで従業員が受け取った金員は正に資産（特許を受ける権利等）の譲渡による収入であるから、このような金員に基づく所得が「資産の譲渡による所得」として譲渡所得に該当することは明らかであると主張した。

　そして、これに反する被告の主張は、所得税法の文言を無視したものであり、租税法律主義の原則から大きくかけ離れたものであると主張した。

（2）裁判所の判断

　以上に対して、本判決（大阪地裁平成23年判決）は、租税に関する法律（租税法）の解釈が、原則として文理解釈によるべきことを確認した上で（★1）、趣旨目的に即した解釈をすることは、そのような租税法における厳格解釈の要請（租税法律主義に基づくもの）に悖（もと）るものではないと判示した（★2）。

　その上で★3のとおり、特許法35条の「相当の対価」は、特許を受ける権利等の対価的性質を有するものであるものの、権利の承継時に実現した部分を除いて、所得税法33条1項の「譲渡による」所得に該当しないとする解釈をしても、同法の規定の文言に反する解釈にはならないと判示した。

③ 検　討

　★1では、租税法の解釈について文理解釈が原則であることが確認されている。そして、裁判所はこれを「厳格な文言解釈の要請」と呼んでいる（★2参照）。

　この点については、ホステス源泉徴収事件最高裁判決（最〔三小〕

判平22.3.2・民集64巻2号420頁）で確認され、学説でも一般的に考えられている解釈方法（金子宏『租税法』〔第22版〕弘文堂、116頁参照）と同旨といえる。

　他方で、上記のとおり「厳格な文言解釈の要請」という税法解釈の特殊性を強調しながら、趣旨目的に即した解釈の手法（趣旨解釈）をそのまま他の法令解釈と同様に持ち出しているかのようにみえる部分（★2）については、一般論としてはその妥当性について検討の余地があると思われる。この点について、上記最高裁平成22年判決の判例解説によれば、租税法解釈は文理解釈が原則であり、例外的に趣旨解釈が許容されるのは、文理解釈によっては意味内容が把握できない場合であることが確認されている（鎌野真敬「判解」最高裁判所判例解説民事篇平成22年度（上）122頁）。

　なお、同時に、同判解には、意味内容がわかるときでも、文理解釈による帰結が明らかに不合理である場合にも許容される学説があることの指摘もなされてはいるが、最高裁がそのような解釈をとっているかは定かでない。趣旨解釈を採用した判例には、養老保険事件（最〔三小〕平24.1.13・民集66巻1号1頁）がある。

　しかし同判決の解釈内容は、文理から読み取れる範囲の内容であったということもできる。一時所得の金額の計算において控除できる「支出した金額」（所法34②）は本人が負担したものに限られるとの解釈であるが、主語の記載がなくても、本人が負担したのが当然の前提となっていると解釈することも文理の範囲内であるということもできると思われるからである。

　以上を前提に★3の当てはめが「厳格な文理解釈の要請」に反しないといえるのかについては、さらにつめた議論が必要であったと考えられる。

CASE 26 ▶ 質問検査権の合憲性（上）

> **最（大）判昭47.11.22・刑集26巻9号554頁**

　たしかに、旧所得税法70条10号の規定する検査拒否に対する罰則は、同法63条所定の収税官吏による当該帳簿等の検査の受忍をその相手方に対して強制する作用を伴なうものであるが、同法63条所定の収税官吏の検査は、もっぱら、所得税の公平確実な賦課徴収のために必要な資料を収集することを目的とする手続であって、その性質上、刑事責任の追及を目的とする手続ではない（★1）。

　また、右検査の結果過少申告の事実が明らかとなり、ひいて所得税逋脱の事実の発覚にもつながるという可能性が考えられないわけではないが、そうであるからといって、右検査が、実質上、刑事責任追及のための資料の取得収集に直接結びつく作用を一般的に有するものと認めるべきことにはならない（★2）。（略）

　さらに、この場合の強制の態様は、収税官吏の検査を正当な理由がなく拒む者に対し、同法70条所定の刑罰を加えることによって、間接的心理的に右検査の受忍を強制しようとするものであり、かつ、右の刑罰が行政上の義務違反に対する制裁として必ずしも軽微なものとはいえないにしても、その作用する強制の度合いは、それが検査の相手方の自由な意思をいちじるしく拘束して、実質上、直接的物理的な強制と同視すべき程度にまで達しているものとは、いまだ認めがたいところである（★3）。（略）

　憲法35条1項の規定は、本来、主として刑事責任追及の手続における強制について、それが司法権による事前の抑制の下におかれるべきことを保障した趣旨であるが、当該手続が刑事責任追及を目的とするものでないとの理由のみで、その手続における一切の強制が当然に右規定によ

る保障の枠外にあると判断することは相当ではない（★4）。しかしながら、前に述べた諸点を総合して判断すれば、旧所得税法（略）に規定する検査は、あらかじめ裁判官の発する令状によることをその一般的要件としないからといつて、これを憲法35条の法意に反するものとすることはできず、前記規定を違憲であるとする所論は、理由がない（★5）。

本項のポイント

　前項では、特許法35条3項の規定に基づき会社から従業員に支払われた和解金が譲渡所得に当たるかが争われた事案を取り上げた。譲渡所得該当性の中で租税法解釈の方法として憲法論（租税法律主義に基づく厳格解釈の要請等）が議論された事案であった。解釈論の中で租税法律主義が議論される例は多い。

　本項では、税務調査手続についての合憲性が正面から議論になった判例を取り上げる。古い判例ではあるが、大法廷判決であり、論じられている事項も多いため、本項と次項の2回に分けて検討したい。所得税法（現行法では国税通則法に移行している）が定めている税務調査における質問検査権の規定が、①令状主義を定めた憲法35条に違反しないか、②不利益供述を禁止した憲法38条に違反しないかが争点になった事案である。本項では、このうち①（憲法35条の問題）を対象にする。

① 事案の概要

(1) 本件の概要

　K税務署の収税官吏（税務署職員）が、上告人（原告、控訴人）の確定申告調査のため帳簿書類等の検査をしようとした際に、「何回来るんだ、だめだ、だめだ」などと大声をあげたり引っ張るなどの対応をし、検査を拒んだとして、旧所得税法違反（検査拒否）の罪で上告人が起訴された事案である。

(2) 当事者の主張

　上告人は、旧所得税法70条10号、63条の規定（現行法では国税通則法74条の2第1項1号、127条2号及び3号）が、裁判所の令状なくして強制的に検査することを認めているものであり、捜索押収については裁判官の令状が必要であること（令状主義）を定めた憲法35条に違反すると主張した。

② 裁判所の判断

　最高裁は、税務調査における質問検査権の規定は、令状主義を定めた憲法35条に違反しないとした（★5）。一般論として、行政権の行使であっても刑事手続に関する憲法35条の規定が適用・準用されることを一切否定するものではないとしたものの（★4）、以下の理由から、質問検査権の規定に令状が求められていないことは同条の「法意」（趣旨）に反するものではない、というものであった。

　まず、検査拒否に対する罰則の規定が、質問検査権を行使される対象者納税者）に対する「受任を……強制する作用を伴うものである」ことは認めながら、他方で、その性質は所得税額の認定という行政調査であり、「刑事責任の追及を目的とする手続ではない」ことが挙げられている（★1）。質問検査権の法定性質については議論があるところであるが、一般的には任意調査ではあるものの、拒

否をした場合に罰則がある点で間接強制としての側面があると考えられている。最高裁はこの点を明らかにしているといえる。

次に、実質的な観点からみても、「刑事責任追及のための資料の取得収集に直接結びつく作用」は一般的にないことが挙げられている（★2）。検査の範囲が、所得税の税額認定という行政目的に限られており、対象も所得税の賦課徴収手続上一定の関係にあるもののみに限定されていて、「所得税の逋脱その他の刑事責任の嫌疑を基準に右の範囲が定められているのではない」ことが理由とされた。

間接強制としての罰則も、実質的に、直接的物理的な強制と同視すべき程度にまで達しているわけではないこと（★3）、「国家財政の基本となる徴税権の適正な運用」の確保や「所得税の公平確実な賦課徴収」という「公益上の目的を実現するため」質問検査権を規定する必要性があり、手段として不均衡、不合理ではないことも挙げられた。

(3) まとめ

質問検査権の行使は、任意調査である税務調査（行政調査）において、必要性要件を満たす場合に認められる。「犯罪調査のために認められたものと解してはならない」（通則法74の8）ことからも、令状まで求められる（憲法35）とはいいがたく、結論に大きな問題はないであろう。

CASE 27 ▶ 質問検査権の合憲性（下）

> **最（大）判昭47.11.22・刑集26巻9号554頁**

　……同法70条10号、63条に規定する検査が、もっぱら所得税の公平確実な賦課徴収を目的とする手続であって、刑事責任の追及を目的とする手続ではなく、また、そのための資料の取得収集に直接結びつく作用を一般的に有するものでもないこと、及び、このような検査制度に公益上の必要性と合理性の存することは、前示のとおりであり、これらの点については、同法70条12号、63条に規定する質問も同様であると解すべきである（★1）。そして、憲法38条1項の法意が、何人も自己の刑事上の責任を問われるおそれのある事項について供述を強要されないことを保障したものであると解すべきことは、当裁判所大法廷の判例（昭和27年（あ）第838号同32年2月20日判決・刑集11巻2号802頁）とするところであるが（★2）、右規定による保障は、純然たる刑事手続においてばかりではなく、それ以外の手続においても、実質上、刑事責任追及のための資料の取得収集に直接結びつく作用を一般的に有する手続には、ひとしく及ぶものと解するのを相当とする（★3）。しかし、旧所得税法70条10号、12号、63条の検査、質問の性質が上述のようなものである以上、右各規定そのものが憲法38条1項にいう「自己に不利益な供述」を強要するものとすることはできず、この点の所論も理由がない（★4）。

本項のポイント

前項では、古い判例ではあるが、現在では国税通則法に規定のある税務調査手続(当時は所得税法に規定されていたが、その内容や性質は現行法でも特に異なるものではない)についての合憲性が正面から議論になった大法廷判決を取り上げた。

論じられた事項が多いため、(上)と(下)に分けて検討することとし、前項では、税務調査における質問検査権の規定が、①令状主義を定めた憲法35条1項に違反しないかを取り上げた。

本来的には強制調査に求められる令状が、任意調査である税務調査においても求められるかという問題であった。その性質(不答弁や検査拒否に対する罰則があるため、事実上間接強制の側面はあるものの、あくまで任意調査であることなど)に鑑みれば、令状までは求められず、令状主義を定めた憲法35条1項には違反しないとの結論であった。

本項では、同じ最高裁昭和47年大法廷判決を素材に、後半部分の論点として、税務調査における質問検査権の規定が、②不利益供述を禁止した憲法38条1項に違反しないかについて取り上げる。

① 事案の概要

(1) 本件の概要

前項で述べたとおり、税務署の収税官吏(税務署職員)が、上告人の確定申告調査のため帳簿書類等の検査をしようとした際に、「何回来るんだ、だめだ、だめだ」などと大声をあげたり引っ張るなどの対応をし、検査を拒んだとして、上告人が旧所得税法違反(検査拒否)の罪で起訴された事案である。

(2) 当事者の主張

上告人は、旧所得税法70条10号、12号、63条(以上は順に、現

行国税通則法の127条2号、74条の2第1項1号に当たる）の規定に基づく検査・質問の結果、所得税逋脱の事実が明らかになれば、税務職員は右の事実を告発できるのであるから、この検査・質問は、刑事訴追を受けるおそれのある事項につき供述を強要するもので、憲法38条1項に違反すると主張した。

② 裁判所の判断

裁判所は、憲法38条1項（「何人も、自己に不利益な供述を強要されない。」との規定）の法意が、何人も自己の刑事上の責任を問われるおそれのある事項について供述を強要されないことを保障したものであるとの先例を指摘し（★2）、この規定の保障は、純然たる刑事手続においてばかりではなく、それ以外の手続においても、実質上、刑事責任追及のための資料の取得収集に直接結びつく作用を一般的に有する手続にも及ぶとした（★3）。

しかし、旧所得税法（現行法では国税通則法）の質問検査権の規定に基づく検査・質問が、もっぱら所得税の公平確実な賦課徴収を目的とする手続で、刑事責任の追及を目的とするものではないこと、こうした検査制度に公益上の必要性と合理性があることなどを指摘し（★1）、上記検査・質問の性質（前項を参照）に鑑み、これを定めた規定が憲法38条1項に違反することはないとした（★4）。

③ 解　説

なお、裁判所は、上記判示に加え、「憲法35条、38条1項に関して右に判示したところによってみれば、右各条項が刑事手続に関する規定であって直ちに行政手続に適用されるものではない旨の原判断は、右各条項についての解釈を誤ったものというほかはない」との見解も示している。結論としては、「旧所得税法70条10号、63条の規定が、憲法35条、38条1項との関係において違憲とはいえないとする原判決の結論自体は正当である」として、合憲と判断し

た原判決（控訴審判決）を適法と判断している。しかし、刑事手続に関する規定である35条や38条は、（刑事手続ではない）行政手続にも適用ないし準用される余地はある点を最高裁は認めている。この点には留意が必要である。

④ 国税反則取締法に基づく質問調査手続

この点から、後の最高裁判決では、行政調査ではあるものの、「自己の刑事上の責任を問われるおそれのある事項についても供述を求めることになる」国税反則取締法に基づく質問調査手続については、憲法38条1項の供述拒否権の保障が及ぶと判示されている（最〔三小〕判昭59.3.27・刑集38巻5号2037頁）。

もっとも、質問顛末書の作成時に供述拒否権（黙秘権）があることを反則嫌疑者に告知することまでを憲法38条1項が義務づけるものではないとして、黙秘権の告知をせずに作成された同書に憲法違反はないとされた。

⑤ まとめ

租税法と憲法の接点としては、一般には租税法律主義を定めた84条と納税の義務を定めた30条がクローズアップされる。しかし、憲法31条以下で定められている手続保障に関する諸原則についても、問題になり得ることを理解しておきたい。

CASE 28 ▶ 地方税法343条2項後段の類推適用

最（二小）判平27.7.17・裁判所HP

（1）憲法は、国民は法律の定めるところにより納税の義務を負うことを定め（30条）、新たに租税を課し又は現行の租税を変更するには、法律又は法律の定める条件によることを必要としており（84条）、それゆえ、課税要件及び租税の賦課徴収の手続は、法律で明確に定めることが必要である（最（大）判昭60.3.27・昭55年（行ツ）15・民集39巻2号247頁参照）（★1）。そして、このような租税法律主義の原則に照らすと、租税法規はみだりに規定の文言を離れて解釈すべきものではないというべきであり（最（二小）判昭48.11.16・昭43（行ツ）90・民集27巻10号1333頁、最（三小）判平22.3.2・平19（行ヒ）105・民集64巻2号420頁参照）（★2）、このことは、地方税法343条の規定の下における固定資産税の納税義務者の確定においても同様であり、一部の土地についてその納税義務者を特定し得ない特殊な事情があるためにその賦課徴収をすることができない場合が生じ得るとしても変わるものではない（★3）。

（2）ある土地につき地方税法343条2項後段により固定資産税の納税義務者に該当するというためには、少なくとも、固定資産税の賦課期日において当該者が同項後段にいう「当該土地…を現に所有している者」であること、すなわち、上記賦課期日において当該土地の所有権が当該者に現に帰属していたことが必要である（★4）。そして、……ある土地につき、固定資産税の賦課期日においてその所有権が当該者に現に帰属していたことを確定することなく、同項後段に基づいて当該者を固定資産税の納税義務者とすることはできないものというべきである（★5）。

しかるに、原審は、本件各土地につき、本件固定資産税等の賦課期日におけるその所有権の帰属を確定することなく、前記……の要綱等における取扱い等に照らして関係自治会等をその実質的な所有者と評価することができるなどとして、地方税法343条 2 項後段の規定を類推適用することにより、関係自治会等が本件固定資産税等の納税義務者に該当する旨の判断をしたものであり、……同項後段の解釈適用を誤った違法がある……（★6）。

本項のポイント

　前項及び前々項では、現行法では国税通則法に規定のある税務調査手続についての合憲性が争われた大法廷判決を取り上げた。税務調査における質問検査権の規定が、①令状主義を定めた憲法35条に違反しないか、②不利益供述を禁止した憲法38条 1 項に違反しないかの 2 つが争点であった（結論は合憲）。税法の領域で取り上げられることが少ない憲法が定める手続規定が論点となっていたものだが、憲法の上記各条文の内容と税務調査における適用問題を知っておくことは重要である。

　本項では、数年前に言い渡された新しい最高裁判決を取り上げる。固定資産税を賦課するに当たり、納税義務者について所有権の帰属を確定することなく、地方税法343条 2 項後段の規定を類推適用した原審（大阪高判平26. 2. 6・判自400号 1 頁）の判断が違法と判断された事案である。

　細かな問題であると思われるかもしれないが、租税法律主義（憲法84）を前提にしながら、最高裁が税法の解釈方法について正面から判示した点に、大きな意義がある。

① 事案の概要

S市の住民が、ある土地について、固定資産税及び都市計画税（以下「固定資産税等」という）の賦課徴収を違法に怠っていたため、徴収権の消滅時効が完成し（地法18①）、これによってS市に損害が生じたとして、S市長を相手に、S市長の職にあった者等に対して、固定資産税等相当額の損害賠償請求をすること等を求めた（住民訴訟）。

問題になった土地のほとんどは、固定資産税等の賦課期日（当該年度の初日の属する年の1月1日（地法359、702⑥）に、登記簿の権利部の登記はなく、一部はS市が所有者として登記されていたものの、所有権はS市に帰属していなかった。

原判決は、賦課期日における登記簿上の所有名義人ではないため、地方税法343条2項前段の納税義務者には当たらないとしながら、「固定資産税の納税義務者を特定することができないとしてその賦課徴収を留保し続けることは課税上の衡平を著しく害する」として、登記簿の標題部の所有者欄に記載のある名義により表章されている団体が消滅しているものと同視し、地方税法343条2項後段を類推適用し、「実質的な所有者」と評価した者を「現に所有している者」に当たると判示した。

② 裁判所の判断

本判決は、大島訴訟大法廷判決（最［大］判昭60.3.27・民集39巻2号247頁）で判示された租税法律主義の内容を確認した上で（★1）、税法の解釈では文理解釈が大原則になるとした（★2）。

ホステス源泉徴収事件の最高裁判決（最［三小］判平22.3.2・民集64巻2号420頁）も参照されている。そしてこのことは、地方税法が定める固定資産税の納税義務者の確定についても同様であり、特殊事情には影響されないとした（★3）。

固定資産税の納税義務者はその所有者であり（地法343①）、所有者とは、登記簿等に登記されている者であるが（同法343②前段）、同日に死亡又は法人が消滅しているか同日前に所有者でなくなっている場合には、同日に「現に所有している者」とされる（同法343②後段）。本判決は、これに当たるためには所有権の帰属の認定が必要で（★4）、確定なくして納税義務者とすることはできないとした（★5）。

③ 本判決の意義

　税法解釈の方法については、最高裁平成22年判決（ホステス源泉徴収事件）により、文理解釈が原則であることが確認されていたが、同判決では事例判断の中で「租税法規はみだりに規定の文言を離れて解釈すべきものではなく」との判示があるのみであった。

　本判決は、憲法84条の原則論から一般論としての税法解釈の方法を確認している。その上で、納税義務者の特定ができない特殊事情があっても、課税上の衡平を理由に地方税法の規定を類推適用し課税を行うことは許されないと断じている（★6）。

CASE 29 ▶ 不動産取得税（非課税規定）の類推適用

> 最（二小）判昭48.11.16・民集27巻10号1333頁

　不動産取得税は、いわゆる流通税に属し、不動産の移転の事実自体に着目して課せられるものであつて、不動産の取得者がその不動産を使用・収益・処分することにより得られるであろう利益に着目して課せられるものではないことに照らすと、地方税法73条の2第1項にいう「不動産の取得」とは、不動産の取得者が実質的に完全な内容の所有権を取得するか否かには関係なく、所有権移転の形式による不動産の取得のすべての場合を含むものと解するのが相当であり、譲渡担保についても、それが所有権移転の形式による以上、担保権者が右不動産に対する権利を行使するにつき実質的に制約をうけるとしても、それは不動産の取得にあたるものと解すべきである（★1）。このことは、地方税法が73条の2第1項において、原則的に、一切の不動産の取得に対する課税を規定した上で、とくに73条の3以下において、例外的に非課税とすべき場合を規定しながら、譲渡担保による不動産の取得については非課税規定を設けていなかつたこと、及び前記地方税法の改正規定においては、譲渡担保による不動産の取得も73条の2第1項により課税の対象となることを前提とした上で、とくに73条の27の2において納税義務を免除しあるいは徴収の猶予をする場合を定めていることとも符合する（★2）。

　（略）被上告人は譲渡担保として本件不動産の所有権の移転をうけたというのであるから、被上告人の右不動産の取得は、地方税法73条の2第1項にいう「不動産の取得」にあたるものといわなければならない（★3）。そして、地方税法73条の7第3号は信託財産を移す場合における不動産の取得についてだけ非課税とすべき旨を定めたものであり、租税法の規定はみだりに拡張適用すべきものではないから、譲渡担保に

よる不動産の取得についてはこれを類推適用すべきものではない（）。

本項のポイント

前項では、数年前に言い渡された新しい最高裁判決を取り上げた。税法の解釈は、租税法律主義（憲法84）の下では「厳格な解釈」が要請されると解されているが、類推適用が行われることで課税物件の帰属（課税要件）が認定された裁判例があった（大阪高判平26.2.6・判自400号71頁）。しかし、その上告審である最高裁はこれを否定した（最判平27.7.17・集民250号29頁）。地方税法の事案ではあるが、税法解釈の方法について最高裁が正面から取り上げたものは珍しく、この点に大きな意義があった。

同様の論点（税法解釈）についてはホステス源泉徴収事件（最〔三小〕平22.3.2・民集64巻2号420頁）のほか、不動産取得税の事件でも問題になったことを前項の解説で少しふれた。このうちホステス源泉徴収事件は、文理解釈の原則について判決文で短く言及されたものであるが、本書ではほかに簡単にではあるが、紹介している（CASE25など）。

本項においては、不動産取得税について類推解釈をすることの当否が問題になった事案の最高裁判決を取り上げる。

① 事案の概要

　譲渡担保による不動産の取得に不動産取得税が課されるかが争われた事案である。不動産取得税は「不動産の取得に対し、……当該不動産の取得者に課する」とされているため（地法73の２①）、譲渡担保による不動産の取得も「不動産の取得」として不動産取得税を課し得ることが明確化される改正（昭和36年法律51号）前の取引に当たる本件では解釈論が必要になった。

　第１審（東京地判昭39.7.18・行集15巻７号1363頁）は、「不動産の取得」概念について実質主義の原則を採用しながら、形式的な所有権の取得として非課税にすべき典型例を地方税法73条の７に掲げたものであるとした上で、形式的には所有権移転とされながらも実質的な所有権移転がどの程度伴うか濃淡のニュアンスがある中間領域の本件については、行政庁において法が課税対象にしていると断定しえないかぎりは課税を放棄すべきであり「疑わしきは納税者の利益に」判断をすべきとした。

　そして税法解釈について、納税者に不利益な類推解釈はつつしむべきとしながら、納税者に有利に合理的類推解釈を行うことは許されると判示し、信託財産の移転について非課税とした規定の類推解釈を行い、非課税と判断した（控訴審〔東京高判昭43.5.29・行集19巻５号948頁〕も同旨）。

② 裁判所の判断

　これに対して本判決は、納税者に有利であるとしても税法解釈においては「みだりに拡張適用すべきものではない」として、直接適用はできないにもかかわらず非課税規定を類推適用した原審の判断を覆し（★4）、不動産取得税が課されると判断した。

　その論旨は、不動産取得税が「流通税」であり、「不動産の移転の事実自体に着目して課」されるものであることから、「不動産の

取得」には、「所有権移転」という「形式による不動産の取得のすべて」が含まれるため、譲渡担保権者は担保の性質から制約を受けるとしても変わらないというものであった（★1）。そして、地方税法の規定が一切の「不動産の取得」に課税することを原則としながら、例外的に設けられた非課税規定に譲渡担保を含めなかったことなども、この結論（★3）に沿うとした（★2）。

③ 本判決の意義

　租税法律主義（憲法84）との関係では、第1審及び控訴審と異なり、納税者に有利であったとしても類推解釈はみだりに行われるべきではないとし、厳格解釈が貫かれた点に、本判決の特色がある。

　非課税規定は原則（課税）に対する例外規定であるという点からも、厳格解釈が求められる旨の指摘が、判例解説ではなされている（越山安久「判解」最高裁判所判例解説民事篇昭和48年度272頁）。憲法解釈との関係では、納税者に有利な解釈でも厳格解釈が貫かれるべきかというテーマを扱った判例として、1つの参考になるといえよう。

　他方で、不動産取得税の課税物件が利益（所得）ではなく、所有権の移転という事実にある点から、内実を問わず形式でみると判断した点は、課税物件（課税要件）から考える思考がみてとれる。

CASE 30 組織再編成の行為計算否認規定の合憲性

> 東京地判平26.3.18・判時2236号25頁

　……一般に、法令において課税要件を定める場合には、その定めはなるべく一義的で明確でなければならず、このことが租税法律主義の一内容であるとされているところ、これは、私人の行う経済取引等に対して法的安定性と予測可能性を与えることを目的とするものと解される（★1）。もっとも、税法の分野においても、法の執行に際して具体的事情を考慮し、税負担の公平を図るため、何らかの不確定概念の下に課税要件該当性を判断する必要がある場合は否定できず（法132条がその典型例であるということができる。）、このような場合であっても、具体的な事実関係における課税要件該当性の判断につき納税者の予測可能性を害するものでなければ、租税法律主義に反するとまではいえないと解されるところである（★2）。しかるところ、法132条の2は……税負担減少効果を容認することが組織再編税制の趣旨・目的又は当該個別規定の趣旨・目的に反することが明らかであるものに限り租税回避行為に当たるとして否認できる旨の規定であると解釈すべきものであり、このような解釈は、納税者の予測可能性を害するものではないから、これをもって租税法律主義に反するとまではいえないというべきである（★3）。

本項のポイント

前項では、租税法律主義と税法解釈の関係について議論された最高裁判決を取り上げた。不動産取得税の課税をめぐり類推解釈をすることの当否が問題になった事案で、納税者に有利な方向であっても類推解釈を行うことはできないことが示された判決であった（最〔二小〕判昭48.11.16・民集27巻10号1333頁）。類推解釈を否定した最高裁判決には前々項で取り上げた最高裁平成27年7月17日第二小法廷判決もある。

他方で、本書では紹介していないが、納税者に有利な類推解釈を行ったと読める最高裁判決もある（最〔二小〕判平20.10.24・民集62巻9号2424頁）。厳格解釈が求められる税法解釈についても、さまざまな考え方がある。

本項では、最高裁判決が下されたヤフー事件の第1審判決を取り上げる。1審としたのは憲法解釈が示された部分があるからである（最高裁判決には憲法論の判示はない）。組織再編成に係る行為計算否認規定（法法132の2）と憲法84条の関係についてどのように説明されるのかに焦点を当てる。

(1) 事案の概要

(1) 本件の概要

非合併法人の未処理欠損金金額を合併法人が損金算入する目的で行われた適格合併について、個別否認規定である法人税法57条3項（企業グループ内の適格合併で未処理欠損金額を不当に利用する租税回避が行われることを防止するために、同法施行令112条7項が定める「みなし共同事業要件」に該当する場合を除き欠損金額等の引継ぎを認めないとする規定）の適用は行うことはできないものの、同条同項（法令112⑦五）の「特定役員引継要件」を形式的に

満たすことを目的としてなされた合併法人の代表取締役の被合併法人の副社長への就任行為に法人税法132条の2（組織再編成に係る行為計算否認規定）の適用がされ、未処理欠損金額の損金算入を認めない更正処分がされた。

(2) 当事者の主張

この更正処分の取消しを求める訴訟において、原告は、「組織再編成に係る行為の一部が、組織再編成に係る個別規定の要件を形式的には充足し、当該行為を含む一連の組織再編成に係る税負担を減少させる効果を有するものの、当該効果を容認することが組織再編税制の趣旨・目的又は当該個別規定の趣旨・目的に反することが明らかであるものも含む」との解釈（被告の主張であり、第1審判決の判示）は、個別規定の要件を実質的に拡張して適用するもので、納税者の予測可能性を著しく害するため、租税法律主義（憲法84）に違反すると主張した。

② 裁判所の判断

本判決は、課税要件の法定は明確でなければならないこと（課税要件明確主義〔憲法84〕）、納税者に対する予測可能性を与える目的であるとの理解を前提にした上で（★1）、本件で問題とされた法人税法132条の2のような不確定概念を課税要件の定めに用いる必要性はあり、具体的な課税要件の判定において納税者の予測可能性を害しなければ租税法律主義違反とまではいえないとの一般論を示した（★2）。

そして、組織再編税制の趣旨・目的又は個別規定の趣旨・目的に反することが明らかな場合に限り否認を認めるとの法人税法132条の2の解釈は、納税者に対する予測可能性を害するものではないため、違憲ではないとした（★3）。

③ 本判決の意義

(1) 不確定概念と課税要件明確主義

本判決も認めるように、法人税法132条の2は、「法人税の負担を不当に減少させる結果と認められるもの」と規定し、「不当」との文言を用いているため、不確定概念を使った課税要件となっている。

このような不確定概念が課税要件明確主義（憲法84）に違反しないかについては、一般に必要性・合理性がある限りは違反とまではいえないと考えられている（金子宏『租税法〔第22版〕』〔弘文堂、2017年〕81頁参照）。同じく包括否認規定を定めた法人税法132条について、最高裁は憲法84条に違反しないと判示している（最〔二小〕判昭53.4.21・訟月24巻8号1694頁）。法文が抽象的にならざるを得ない宿命を持っていることに鑑みれば、こうした一般論は妥当であるといわざるを得ない。

(2) 解釈と課税要件明確主義

本判決における原告の主張は、上記のような「解釈」をすることが、法文の本来の意味を拡張する結果となるため、課税要件明確主義に違反するのではないかというものである。このように法文そのものの違憲性ではなく、行き過ぎた解釈についての違憲性を問題とする考え方は、レポ取引事件の判決で明示されており（東京高判平20.3.12・金判1290号32頁）、租税法解釈論として興味深い議論といえる（木山泰嗣「租税要件明確主義の解釈論的展望」青山法務研究論集〔2011年〕4号33頁参照）。

なお、本判決は、控訴審（東京高判平26.11.5・訟月60巻9号1967頁）、上告審（最〔一小〕判平27.2.29・裁時1646号5頁）でも支持されている。

#3　憲法を学ぶことの意義

　日本国憲法が施行されたのは、1947年（昭和22年）5月3日です。今年で70周年を迎えました。その憲法記念日に安倍首相（自民党総裁）から「2020年までに憲法9条を改正して施行したい」との声明がありました。

　この憲法の前身である大日本帝国憲法（明治憲法）は、1889年（明治22年）に公布されたものですが、1945年（昭和20年）8月のポツダム宣言の受諾により、日本がGHQ指導の下で憲法改正（日本国憲法の制定）を行うまで1度も改正されたことはありませんでした。

　話題の憲法改正ですが、改正をするためには、憲法96条の規定に基づき、各議院の総議員の3分の2以上の賛成による国会の発議があり、国民投票での賛成が必要です。憲法改正の国民投票は、日本では歴史上1度も行われたことがありません。

　主権者であるわたしたち国民が国の仕組みについて、直接投票権を行使して国会が発議した改正原案について賛成か反対かの票を投ずる。主権を実感できる、ダイナミックな場面ですよね。

　2600年以上の伝統がある日本の歴史のなかで、初の憲法改正の国民投票が行われる。その日は、近いと思われます。

　主権者として重要な1票を投じることになるのですから、憲法について基本的な知識を得ておくことが、現代を生きるわたしたちには強く求められています。大日本帝国憲法が制定されたときは、ドイツ人の医師ベルツが、日本人は盛大にお祭り騒ぎをしているけれど「誰も憲法の内容をご存知ないのだ」と記しました。

　その改正案（日本国憲法案）が帝国議会で審議されることになる衆議院議員の選挙の際は「憲法より米だ」といわれた、終戦直後の混乱期でした。

憲法を知ることは、国の仕組みを知ることです。憲法を通じ、わたしたちは、主権者として日本をデザインしていく力を持っていることを自覚できます。憲法制定権力は国民にあるのですから。

File
04

CASE 31 ▶ 減額更正後の増額更正で生じた相続税について延滞税を課すことの合憲性

東京高判平25.6.27・裁判所HP

……国税通則法60条1項2号及び同条2項の立法目的は、国民が国税の全部又は一部を法定納期限に納付しない場合に、私法上の債務関係における遅延利息に相当し、納付遅延に対する民事罰としての性質を有する未納税額を課税標準として課される附帯税である延滞税を課すことによって、国民に期限内の申告をし、かつ納付した者とそうでない者との間の租税負担の公平を図り、さらに期限内の納付を促すことにあり、正当なものと認められる（★1）。

（略）更正を受けた場合において、国税通則法35条2項の規定により納付すべき国税があるときに延滞税を納付すべき旨を定めた同法60条1項2号が上記目的との関連で著しく不合理な内容であるとはいえない（★2）。（略）控訴人らが相続税の申告をした後に本件各減額更正がなされ、その際に、控訴人らに対して、還付加算金を付して本件各過納金が還付されて、（略）その後、本件各増額更正がなされたことによって、新たに本件各増差本税額の具体的納税義務が確定したことにより、（略）控訴人らに本件各増差本税額について本件各延滞税を課税することによって本件各増額更正に関する清算がなされることになるのであるから、本件に同法60条1項2号の定めを適用することが、上記立法目的との関連で著しく不合理であることが明らかであるとまではいえない（★3）。

また、国税通則法60条2項は、延滞税の額を国税の法定納期限の翌日からその国税を完納する日までの期間の日数に応じて、未納税額に一定の割合を乗じて計算した額とすることとしていること、（略）控訴人らは法定納期限が経過した時点から本件各増差本税額について履行遅滞に陥っていたものと評価できるのであるから、本件に、同法60条2項を適

用して、控訴人らに対して法定納期限の翌日から本件各延滞税を課すことは、上記立法目的との関連で著しく不合理であることが明らかであるとまではいえない（★4）。

本項のポイント

　前項では、ヤフー事件の第1審判決を取り上げた（東京地判平26.3.18・判時2236号25頁）。

　最高裁判決（最〔二小〕判平27.7.17・裁判所HP）では議論されていない憲法論が判示されていたもので、組織再編成に係る行為計算否認規定（法法132の2）と憲法84条の関係をみたが、ポイントは、①不確定概念と課税要件明確主義、②解釈における課税要件明確主義、の2点であった。

　本項では、延滞税の納付義務不存在の確認が求められた訴訟で、下級審では棄却された納税者の請求が、最高裁で認められた事件（最〔二小〕判平26.12.12・判タ1412号121頁）の控訴審判決を取り扱う。

　この事件も最高裁判決では憲法論は論じられていないが、控訴審では、法定期限内にいったんは納付を行っていた納税者に対し、減額更正（更正の請求に基づくものでこれにより還付された）のあとに増額更正が行われたことであらたに生じた相続税の納税義務について延滞税を課すことが、憲法29条1項の保障する財産権を侵害しないかについて判示されている。税法と財産権侵害の関係について、具体的な事例を通じて検討したい。

① 事案の概要

　相続税の申告及び納付を法定期限内に行った後、相続財産の土地評価の誤りを理由に更正の請求（通則法23①）をしたところ、これが認められて減額更正がされ還付がなされた後、土地の評価に誤りがあったとして増額更正処分が行われたため、あらたに納付すべきことになった相続税の本税額につき、国税通則法（平成23年法律第114号による改正前のもの）60条1項2号、2項、61条1項1号に基づき、法定申告期限の翌日から完納の日までの期間（ただし、法定申告期限から1年を経過する日の翌日から上記増額更正に係る更正通知書が発せられた日までの期間を除く）に係る延滞税の納付が催告されたため、相続人である控訴人ら（納税者）が延滞税は発生していないとして、納付義務の不存在の確認を求める訴訟を提起した。

② 裁判所の判断

(1) 上告審判決

　上告審では、本件のような事案の下で延滞税を課すことは「明らかに課税上の衡平に反する」とし、また、延滞税が「納付の遅延に対する民事罰の性質」を持ち「負担の公平を図るとともに期限内の納付を促すことを目的とする」以上、このような趣旨目的に反する「延滞税の発生は法において想定されていない」とする限定解釈（趣旨解釈）を行い、延滞税が発生しないと判示した。

(2) 控訴審判決

　これに対して、本判決（控訴審）は、減額更正により減少した税額部分についての具体的納税義務は遡及的に消滅すると解すべきであり、そうである以上、後の増額更正により延滞税はあらたに発生すると判示していた。

　また、このように解すると、財産権を侵害するとの納税者の主張

に対して、上記引用のとおり、憲法違反はないとしていた。本判決は、大島訴訟大法廷判決（最〔大〕判昭60.3.27・民集39巻2号247頁）の判断枠組みを示した上で（引用は省略した）、その当てはめを行っている。目的は正当であり（★1）、延滞税を課すことについて、目的との関連で著しく不合理とはいえない（★2 ★3 ★4）との判示である。

③ 本判決の問題点

　しかし、このように考えると、土地評価の問題で課税庁が減額更正をして過納金の還付をしたあとで、再び土地評価で増額更正をして今度は延滞税を課することが可能になるが、これでは、＜遅延に対するペナルティ＞である延滞税が、＜遅延なく納付していた納税者＞に課せられるという著しく不合理な結果を招来することになる。

　この点で、本件が著しく不合理とはいえないとした本判決は、誤りである。

　最高裁はこうした違憲問題を回避するため、税法の原則（文理解釈）ではない趣旨解釈を採用し、延滞税の発生を認めない限定解釈をしたものと思われる。

CASE 32 ▶ 交際費等の要件と租税法律主義

東京高判平15.9.9・判タ1145号141頁

　交際費は、企業会計上は費用であって、本来は課税の対象とならない支出に属するものである（★1）。それについて損金不算入の措置がとられているのは、交際費は、人間の種々の欲望を満たす支出であるため、それが非課税であれば、無駄に多額に支出され、企業の資本蓄積が阻害されるおそれがあること、また、営利の追求のあまり不当な支出によって、公正な取引が阻害され、ひいては価格形成に歪み等が生じること、さらに、交際費で受益する者のみが免税で利益を得ることに対する国民一般の不公平感を防止する必要があることなどによるものである（★2）。

　このような交際費課税制度の趣旨に加え、交際費等に該当するためには、行為の形態として「接待、供応、慰安、贈答その他これらに類する行為」であることが必要であるとされていることからすれば、接待等に該当する行為すなわち交際行為とは、一般的に見て、相手方の快楽追求欲、金銭や物品の所有欲などを満足させる行為をいうと解される（★3）。（略）課税の要件は法律で定めるとする租税法律主義（憲法84）の観点からすると「その他これらに類する行為」を被控訴人主張のように幅を広げて解釈できるか否か疑問である（★4）。そして、ある程度幅を広げて解釈することが許されるとしても、本件英文添削のように、それ自体が直接相手方の歓心を買うような行為ではなく、むしろ、学術研究に対する支援、学術奨励といった性格のものまでがその中に含まれると解することは、その字義からして無理があることは否定できない（★5）。

本項のポイント

　前項では、延滞税の納付義務不存在の確認が求められた訴訟の控訴審判決を扱った。下級審では棄却されていたが、最高裁で認容された事件であった（最〔二小〕判平26.12.12・判タ1412号121頁）。

　取り上げた控訴審判決では、法定申告期限内に相続税の申告をして法定納期限内に相続税を納付していた納税者に対して減額更正をして還付をしたにもかかわらず、そのあとになって同じ土地評価を理由に増額更正をした場合に、法定納期限内に相続税を納めていなかった者と同様に延滞税が課されたことが、憲法29条1項に違反しないと判示された。上告審では判断が覆された点を考えると、違憲の問題を回避するための限定解釈であったと考えられる、と指摘した。

　本項では、交際費等を定めた租税特別措置法61条の4第1項が定める課税要件について、租税法律主義との関係で、どのように考えるべきかについて言及された裁判例を取り上げる。

　いわゆる「萬有製薬事件」である。著名判例であるが、憲法論について論じられている部分に焦点を当ててみていく。

① 事案の概要

　医学研究者に対して英語による医学論文について英文添削サービスを提供するために、製薬会社が費用の一部を負担していた事案において、その負担部分を寄附金として処理していたことを否認し、「交際費等」に当たるため損金算入は認められないとの更正処分がなされた事案である。

　製薬会社である納税者（原告、控訴人）が負担していた費用は、処分をされた３事業年度で合計３億円を超える金額であったが、依頼をした研究者らから徴収していた英文添削料は公正競争規約違反を懸念した納税者がほぼ２年ごとに国内の英文添削業務の市場価格を調査した上で決定していた額であり、納税者が差額を負担していることを依頼した研究者らは認識していなかった。

　原審（第１審・東京地判平14.9.13・税資252号順号9189）は、租税特別措置法61条の４が規定する「交際費等」は、①支出の相手方が「事業に関係のある者」か否か、②支出の目的が接待等を意図するものか否かの２要件で判定すべきとし（２要件説）、本件においては、そのいずれも満たすためこれに当たると判示した。

② 裁判所の判断

（１）控訴審の判断

　これに対し本判決（控訴審）は、上記「交際費等」に当たるためには、上記①・②要件のほかに、③「行為の形態」が接待、供応、慰安、贈答その他これらに類する行為であることの３要件を満たす必要があるとし（３要件説）、本件における事実関係の下においては、英文添削の差額負担は、若手研究者らの研究発表を支援する目的であり、②を満たさないし、相手の歓心を買える性質のものでも、金銭の贈答と同視できる性質のものでもないことなどから、③も満たさないとして、交際費等の該当性を否定した。

（2）租税法律主義との関係

　また、判決文を抜粋したとおり、交際費等は会計上、本来費用であるが（★1）、租税特別措置法で損金算入を認めない措置をとっていることについてその趣旨に触れた上で（★2）、課税要件を定めている同法の規定が「接待、供応、慰安、贈答その他これらに類する行為」との文言を用いていることを重視し、その内容を明らかにした（★3）。

　この点について、課税庁（被告、被控訴人）は、「接待、供応、慰安、贈答に続く『その他これらに類する行為』とは、接待、供応、慰安、贈答とは性格が類似しつつも、行為形態の異なるもの、すなわち、その名目のいかんを問わず、取引関係の円滑な進行を図るためにする利益や便益の供与を広く含む」と主張したが、本判決は、租税法律主義（憲法84）の観点から、それは文言の意味を拡張する解釈であり許されないと判示した（★4 ★5）。

③ 本判決の意義

　租税法律主義（憲法84）は課税要件の法定と明確性を求めるが、条文の規定を解釈する際にも、当該規定の文言から通常読み取れる範囲を超えるような解釈を許さないことをも求めていると考えるべきである（木山泰嗣「租税要件明確主義の解釈論的展望」青山法務研究論集4号〔2011年〕33頁参照）。

　本判決は、この点について指摘をしたものと捉えることができるはずであり、憲法の要請に忠実な解釈論を展開したものと評価できる。

CASE 33 ▶ 公正処理基準と課税要件明確主義

> **東京地判平25.2.25・裁判所HP**

　……法人税法は、（略）適正な課税及び納税義務の履行を確保することを目的とし、資産又は事業から生ずる収益に係る法律関係を基礎に、それが実質的には他の法人等がその収益として享受するものであると認められる場合を除き、基本的に収入の原因となった法律関係に従って、各事業年度の収益として実現した金額を当該事業年度の益金の額に算入するなどし、当該事業年度の所得の金額を計算すべきものとしていると解されるところ、当該事業年度の収益等の額の計算に当たり、本件におけるように、信託に係る受益権が契約により法的に譲渡され、当該契約に定められた対価を現に収入した場合（この場合に同法上収益の実現があったと解すべきことは明らかである。）において、それが実質的には他の法人等がその収益として享受するものであると認められる場合ではなくても、また、同法において他の法人との関係を考慮することができると定められたときにも当たらないにもかかわらず、なお、他の法人との関係をも考慮し、当該収入の原因となった法律関係を離れて、当該譲渡を有償による信託に係る受益権の譲渡とは認識せず、専ら譲渡人について、当該譲渡に係る収益の実現があったとしないものとする取扱いを定めた同指針については、既に述べたところを目的とする同法の公平な所得計算という要請とは別の観点に立って定められたものとして、税会計処理基準に該当するものとは解し難いといわざるを得ないものである（★**1**）。

　（略）本件不動産流動化取引との関係において不動産流動化実務指針が税会計処理基準に該当するものであるか否かに関して、……同法22条4項等の立法の経緯等を踏まえた解釈をすることをもって、課税要件明

確主義に反するものとはいえないと解されるし、旧法人税法12条1項本文の規定や土地信託に関する通達3-1及び3-2の定めがあったことに照らせば、……申告納税制度の下における納税者にきわめて困難な判断を求めるものであるとか、予見可能性を害するものであるなどと評価することも困難というべきである（★2）。

本項のポイント

前項では、交際費等を定めた租税特別措置法61条の4第1項が定める課税要件について、租税法律主義との関係でこれをどのように考えるべきかについて言及された裁判例を取り上げた（萬有製薬事件。東京高判平15.9.9・判タ1145号141頁）。

同判決は交際費等に該当するための要件について3要件説を定立したものとして著名であるが、3要件として掲げた行為の形態について、文言を離れた拡張解釈が行われるべきではないとの言及もされており、この点で、課税要件明確主義（憲法84条が定める租税法律主義の一つの内容）が解釈論としてあらわれている裁判例でもあった。

本項では少しテーマを変え、日本公認会計士協会が作成した会計基準が、法人税法22条4項が定める公正処理基準（「一般に公正妥当と認められる会計処理の基準」）に当たるかが争われた事案を検討する（「ビックカメラ事件」。控訴審は東京高判平25.7.19・裁判所HP〔確定〕）。憲法解釈との関係では、公正処理基準（本判決は「税会計処理基準」と呼んでいる）の概念が不明瞭になる解釈を採用するもので、課税要件明確主義に違反するのではないかという点である。

① 事案の概要

納税者(原告、控訴人)が、当該事業年度の法人税について、申告後に会計処理を訂正したため、納付すべき税額が過大となったとして、更正の請求(通則法23①)をしたところ、税務署長から更正をすべき理由がない旨の通知を受けた事案である。

納税者は、資金調達の目的で所有する不動産を信託財産とする信託契約を締結し、その受益権を第三者に譲渡したことについて、信託財産の譲渡として会計処理を行い、これに基づき譲渡を行った事業年度に収益(総額290億円)が実現したとして益金に算入していた(法法22②)。しかし、証券取引等監視委員会から金融取引として扱うべき(譲渡とは認識しない)との指導を受けたため、納税者は会計処理の過年度訂正を行った。

② 裁判所の判断

本件で争われたのは金融取引であることを規定した不動産流動化実務指針(会計制度委員会報告第15号「特別目的会社を活用した不動産の流動化に係る譲渡人の会計処理に関する実務指針」)が法人税法22条4項の税会計処理基準に当たるか否かであったが、不動産流動化実務指針がリスク防止の観点から特定の場合にのみ定められた会計基準であり、法人税法が定める実現主義や、同法が公平な所得計算を目的としていることに反するため、これに当たらないとの課税庁の主張(★❶の判示も同旨)について、納税者は「税会計処理基準が不確定な概念となることは明らかであり、申告納税方式の下においては、実質的にも、税会計処理基準の解釈及び適用について納税者に不可能を強いることとなるものであって、租税法律主義(課税要件明確主義)に反する」と主張した。

この点について、裁判所は法人税法22条4項が制定された立法経緯、趣旨目的、そして「企業会計」という文言ではなく「一般に

公正妥当と認められる公正処理の基準」と規定されている点（文言）などを挙げた上で、適正な課税及び納税義務の履行の確保を目的とする（法法1参照）同法の公平な所得計算という要請に反するものは「税会計処理基準」に当たらないとし、その判断はこうした目的から「独自の観点で判断される」とした解釈は、課税要件明確主義（憲法84）に違反しないとした（★2）。それは決して納税者にきわめて困難な判断を求めるものではない、との判断であった（同）。

③ 本判決の意義

　税会計処理基準（公正処理基準）の該当性について法人税法独自の観点から判断するとの点は、規定の文言や趣旨目的に照らし妥当であるだろう。

　しかし、この規定の立法趣旨は、原則として企業会計による処理を認め、例外的に公正処理基準で除外すると判示されている点からすると、例外の該当性の判定は論理的には厳密に行われるべきであるはずであり、本判決（控訴審も同様）は、この点についての配慮（論述）が不足しているように思われる。

CASE 34 ▶ 貸付金利子の解釈と課税要件明確主義

> **大阪高判平21.4.24・裁判所HP**

　また、所得税基本通達及び法人税基本通達等の規定は、課税庁内部では拘束力をもつが、裁判所が拘束されるものではないのであって、その上位規範である所得税法の規定を解釈するに当たり参考となり得えても、その解釈基準の根拠として取り扱うことは、前提において失当であるというべきであるし（★1）、控訴人が指摘する上記各基本通達における規定のすべてが、控訴人が主張する「信用の供与」という解釈基準でもって説明し得るものといえるかは疑問である（★2）（例えば、法人税基本通達20－1－19（3）に規定する「前渡金」についてみれば、控訴人主張のように買主が売主に「信用の供与」をする目的で前払代金を交付されるとみることも可能であるけれども、同通達（2）に規定する「敷金」についてみると、敷金には、利息が付されないのが通常であるし、これが賃借人から賃貸人に一定期間使用収益される前提の下に交付されるとしても、賃借人が賃貸人に「信用の供与」をする目的で交付されるものとみることは到底できない。）（★3）。

本項のポイント

　前項では、日本公認会計士協会が作成した会計基準が、法人税法22条4項が定める公正処理基準に当たるかが争われた事案を扱った（東京地判平25.2.25・裁判所HP）。

　公正処理基準が争われる裁判例が近時増えているが、憲法解釈との関係では、課税庁の主張が同基準の概念を不明瞭にする解釈で、課税要件明確主義に違反するのではないかという点が問題とされたものであった（違反しないとの結論であった）。

　本項は、税法の規定の解釈をするに当たり、通達の規定の定めがあることを理由に課税要件の充足を認めることができるかが争われた事案を取り上げる。課税要件明確主義に違反するのではないかが争われた事案を取り扱う（大阪地判平20.7.24・判タ1295号216頁、大阪高判平21.4.24・裁判所HP）。訴訟の本質的な争点は憲法論ではなく、造船契約の解除によって支払った前払代金の受領日から返還日までに年8％のinterestを乗じて計算した金額が「貸付金（これに準ずるものを含む。）……の利子」（所法161六〔当時。現在は所法161①十。以下同じ〕）に該当するか否かであった。

　しかし、前渡金がこれに当たるとする法人税基本通達の規定の存在が課税庁から指摘されたため、このような通達規定が課税要件を構成するかも付随的に問題となった。租税法律主義（憲法84）が定める課税要件法定主義との関係である。

① 事案の概要

本件は、納税者である被控訴人（売主）が、外国法人のA（買主、リベリア共和国）と日本法人であるB（建造者）との間で、船舶を建造の上販売するという造船契約を締結し、Aから売買代金の一部前払（以下「本件前払代金」という）を受けていたが、船舶の引渡遅延により同社から契約を解除され、約定に基づき前払を受けていた本件前払代金とこれに対する約定の年8％の金員（以下「本件金員」という）を付して返還した取引について、処分行政庁が被控訴人に対し、所得税法161条6号の「貸付金（これに準ずるものを含む）に係る利子」に当たり、国内源泉所得であるとして納税告知処分及び不納付加算税の賦課決定処分をした事案である。

② 裁判所の判断

裁判所は、原審（前掲大阪地判平20.7.24）と同様に本件金員は「貸付金（これに準ずるものを含む。……の利子）」に当たらないとした。その理由は、原審と同様に本件前払代金は、造船契約を履行するための代金として支払われたものであり、契約が解除されなければ本来は渡しきりとなるべきものであったため、返還約束を本質とする消費貸借契約（民法587）の要素を持つとみることは困難であるというものであった。

なお、この意味で、「貸付金」は民法587条が定める消費貸借の借用概念であると考えるのが自然であろう（木山泰嗣「造船契約解除事件に含まれる諸問題」青山法学論集〔2015年〕57巻2号23頁参照）。

以上を前提に、法人税基本通達の規定（本件は所得税法161条6号の解釈適用が問題になるものであるから、本来は所得税基本通達の規定が問題になるはずであるが、同規定には前渡金との規定がなかったため、同じ国内源泉所得の規定を定めた法人税法138条1項

に該当する具体例を示した法人税基本通達20－1－19（3）の規定が課税庁から主張された点については、そもそも通達の規定は、課税庁内部では拘束力を持つとしても裁判所を拘束するものではなく課税の根拠規定にはなり得ないと判示された（★1）。

また「貸付金（これに準ずるものを含む。）」に当たるか否かは信用の供与という基準でみるべきとの課税庁（控訴人）の主張については、そもそも上記通達の規定に列挙されているものを全てこの基準で説明することはできないことを指摘した（★2）。その理由は前渡金については上記説明が妥当するとしても、敷金については妥当しないというものであった（★3）。

(3) 通達規定の効力

本判決が判示するとおり、国税庁長官が発遣する通達の規定は行政庁の解釈に過ぎず（国家行政組織法14①一参照）、裁判所を拘束する法規範ではない。裁判所を拘束するのは憲法及び法律であり（憲法76③）、ここにいう「法律」に通達は含まれない。租税法律主義は課税要件法定主義を定め、ここにいう法定には「法律の定める条件」による定めも含まれるが（憲法84）、通達はこれに当たらないということである。

以上の点は本判決が明らかにしたものではなく租税法律主義の解釈として当然のことであるが（最判昭38.12.24・集民70号513頁参照）、通達の規定に「貸付金（これに準ずるものを含む。）」に当たるものの例として示された前渡金を、法の解釈適用において否定した点に意義があるといえる。税法の解釈適用と通達の関係を考えるに当たり、重要な具体例が示された例といえるだろう。

CASE 35 歯科技工業の事業区分と租税法律主義

名古屋高判平18.2.9・税資256号順号10305

　本件の争点は、前記（略）のとおり、本件事業が消費税法施行令57条5項4号ハ所定の「サービス業」に該当するか、それとも同項3号ヘ所定の「製造業」に該当するかであるから、まず、本件事業が上記のいずれに該当するかを判断するに当たっては、租税法規である上記各法条の解釈が検討されなければならない（★1）。

　憲法84条（課税）は、法律の定めなくしては租税を課すことはないとする租税法律主義の原則を定めており、この定めの趣旨が、課税に対する法的安定性と納税者に予測可能性を与えるものであることにかんがみると、その内容として納税義務者及び課税標準等の課税要件や租税の課税徴収手続が法律によって定められていなければならず、また、上記課税要件について、実体法上、その内容が多義的でなく明確かつ一義的なものであることが要求されている（★2）。したがって、租税法規の定めはできるだけ明確かつ一義的であるのが望ましいことはいうまでもない（★3）。しかし、租税法規が対象とする課税対象となる納税者側の社会生活上の事象は千差万別であり、特に、納税者の自由な経済活動等による多様な形態による事業、取引等がなされることを前提にすると、それらの全てを法律により一義的に規定し尽くすことは不可能であり、その内容の明確性については自ずから一定の限界があることもやむを得ないというべきである（★4）。したがって、租税法規の解釈については、当該法令が用いている用語の意味、内容が明確かつ一義的に解釈できるかをまず検討することが必要であることはいうまでもないが、それができない場合には、立法の趣旨目的及び経緯、税負担の公平性、相当性等を総合考慮して検討した上、用語の意味、内容を合理的に解釈すべ

きである（★5）。

本項のポイント

　前項では、税法規定を解釈する際に通達に定めがあることを理由に課税要件の充足を認めることができるかが争われた事案を取り上げた（大阪地判平20.7.24・判タ1295号216頁、大阪高判平21.4.24・裁判所HP）。

　前渡金が「貸付金」に「準ずるもの」にあたるとする法人税基本通達の規定があるとしても、税法解釈において行政解釈に過ぎない通達規定に、裁判所が拘束されることはないとの判断であった。課税要件法定主義（租税法律主義）と通達との関係を改めて考えることができる裁判例である。

　本項では、消費税法における事業区分の判定が問題になった「歯科技工業事件」（名古屋高判平18.2.9・税資256号順号10305、名古屋地判平17.6.29・税資255号順号10067）を取り扱う。

　事業区分について、第1審では納税者の主張が認められたが、控訴審では逆転となり、課税庁の主張が認められた。著名な事件であるが、租税法律主義（憲法84）との関係から、法定のみならず、その明確性が要請される納税義務の成立要件である「課税要件」の解釈方法について判示された部分を、特に取り上げる。

① 事案の概要

(1) 事案

簡易課税制度選択届出書を提出していた納税者（原告、被控訴人）が営む歯科技工業が、消費税法施行令57条5項3号の第三種事業（製造業）に該当し、みなし仕入率が70％であるとして、消費税及び地方消費税（以下「消費税等」という）の申告を行ったところ、同事業は同項4号の第五種事業（サービス業）に該当し、みなし仕入率は50％であるとして消費税等の更正処分等がなされたため、納税者がこの取消しを求めて提訴した事案である。

(2) 第1審判決

第1審は、租税法律主義（憲法84）を重視し、法的安定性と予測可能性を与えるためには、他の国法で定義が与えられていない場合は、原則として日本語の通常の用語によれば、例によるべきとした（日本語の通常の用語例により解釈すべきことは法令一般に妥当するが、国民に義務を賦課する租税法規における用語の解釈では、「特に厳格な解釈態度が求められる」とした）。

その上で、日本語の通常の用語例「製造業とサービス業とは、まず、その給付の対象が有形物（物質的）か無形の役務（非物質的）かによって区別される」との判断枠組みを示し、歯科技工業は「原材料を基に患者の歯に適合するように成形した補てつ物を納入し、これの対価として一定の金員を受け取る」もので「有形物の給付」であるから、製造業に当たると判示した。

② 裁判所の判断

これに対して控訴審は、事業区分の判定は消費税法施行令の解釈によるべきとし（★1）、租税法律主義が課税要件の法定と明確性を要請している点を確認した上で（★2 ★3）、すべてを法律の規定で一義的に明確にすることには限界がある点に言及した（★4）。

そして、当該法令が用いている用語の意味が一義的に理解できることが望ましいものの、そうでない場合には、「立法の趣旨目的及び経緯、税負担の公平性、相当性等を総合考慮し」た上で、用語の意味、内容を合理的に解釈すべきであるとした（★5）。

　その上で控訴審は、法令上、製造業とサービス業の意義が明らかにされていないことを確認した上で、国語辞典や日本標準産業分類などをみても、それぞれの用語が一義的に解釈できるほど明確な概念ではないとした。こうして両者の内容を明らかにする際に、消費税法（特に消費税簡易課税制度）の目的及び立法経緯、税負担の公平性、相当性も考慮した解釈が行われることになり、みなし仕入率を50％にすることの合理性などの観点からサービス業に該当すると判示された。

③ 本判決の解釈方法

　文理解釈が重要であることは法令一般に妥当するが、第1審判決のように特に税法では厳格解釈が求められる。趣旨目的を考慮した解釈が許される場合はあくまで例外であり、絞りがかけられるべきである（木山泰嗣「税法解釈のあり方－文理解釈は正しいのか」青山法学論集〔2016年〕58巻2号73頁参照）。

　本判決は、製造業、サービス業という日本語の通常の用例から明らかにされるべきはずの概念の解釈に、消費税法の趣旨目的を考慮している点で、解釈方法の妥当性に疑問を感じるといわざるを得ない。

CASE 36 ▶ 一括支払システム契約の効力と租税法律主義

> **最（二小）判平15.12.19・民集57巻11号2292頁**

　……［国税徴収法24］条2項による旨知がされると、譲渡担保権者が譲渡担保権を実行して譲渡担保財産に対する滞納処分を回避しようとする事態が生じ得るため、同条5項は、「第2項の規定による告知（中略）をした後」に納税者の財産の譲渡により担保される債権が債務不履行その他弁済以外の理由により消滅した場合においても、なお譲渡担保財産として存続するものとみなして、同条3項を適用すると規定している（★1）。

　……同条2項による告知は、譲渡担保財産から納税者の国税を徴収することができる場合に、譲渡担保権者にとって不意打ちとならないようにするため、あらかじめ同項所定の事項を通知しようとするものである（★2）。そして、同条5項にいう「第2項の規定による告知（中略）をした後」とは、同条2項の告知書が譲渡担保権者に到達した時点以後を意味するが、同条2項の告知の発出と到達との間の時間的間隔をとらえ、告知書の発出の時点で譲渡担保権者が譲渡担保権を実行することを納税者とあらかじめ合意することは、同条2項の手続が執られたことを契機に譲渡担保権が実行されたという関係があるときにはその財産がなお譲渡担保財産として存続するものとみなすこととする同条5項の適用を回避しようとするものであるから、この合意の効力を認めることはできない（★3）。

本項のポイント

　前項では、消費税法における事業区分の判定が問題になった歯科技工業事件（名古屋高判平18.2.9・税資256号順号10305、名古屋地判平17.6.29・税資255号順号10067）を取り扱った。

　事業区分の判定で著名な判決であるが、製造業及びサービス業という日本語の通常の用例から明らかにされるべきはずの概念の解釈に、法の趣旨目的を考慮した判断がなされている点で、租税法律主義が求める厳格解釈の要請との間で疑義があるのではないかとの指摘をした。

　本項では、一括支払システムに関する契約の効力が争われた最高裁判決（最〔二小〕判平15.12.19・民集57巻11号2292頁）を取り上げる（第１審は東京地判平９.3.12・行集48巻３号141頁、控訴審は東京高判平10.2.19・判タ1004号138頁）。

　なお、本判決は憲法論について直接判示をしていない。そこで、調査官解説の説明を参照しながら解説する。

① 事案の概要

　取引会社Aが補助参加人Bとの間の継続取引によって取得する売掛金債権の担保のため納税者（上告人）に譲渡し、納税者はAに対し当座貸越契約に基づき売掛債権残高を貸越極度額として貸付けを行うことを内容とする一括支払システムに関する契約（本件契約）が、三者間で締結された。

　本件契約では、売掛金債権について国税徴収法24条に基づく告知が発せられたときは、これを担保とした納税者の当座貸越債権は何らの手続を要せず弁済期が到来したものとし、同時に担保のため譲渡した売掛金債権は当座貸越債権の代物弁済に充てることを内容とする合意（本件合意）があった。Bが国税を滞納し、国税局長（被上告人）が納税者に国税徴収法24条2項の告知をした。当該告知は違法であるとして、納税者がその取消しを求めた。

② 裁判所の判断

　本判決は、国税徴収「法24条1項は、納税者が国税を滞納した場合において、その者が譲渡した財産でその譲渡により担保の目的となっているものがあるときは、その者の財産につき滞納処分を執行してもなお徴収すべき国税に不足すると認められるときに限り、上記譲渡担保財産から納税者の国税を徴収することができることとして」おり、「同条2項は、税務署長が同条1項により徴収しようとするときは、譲渡担保権者に対し、徴収しようとする金額等を記載した書面により告知しなければならないこととしており、同条3項は、告知書を発した日から10日を経過した日までにその徴収しようとする金額が完納されていないときに、徴収職員は、譲渡担保権者を第二次納税義務者とみなして、その譲渡担保財産につき滞納処分を執行することができることとしている」と、両規定を整理した。その上で、告知後に譲渡担保財産に対する滞納処分の回避を防

ぐために3項があること（★1）、そうであれば2項の告知は譲渡担保権者の不意打ち防止のための事前通知であること（★2）を理由に、本件合意のようにあらかじめ告知書発出の時点で譲渡担保権の実行を合意することは5項の適用を回避するものであり無効である（★3）とした（第1審・控訴審と結論同旨）。

③ 本判決の意義

　合意の効力が認められない理由は、明示はされていないが、強行規定の趣旨に反するという理解であると考えられる（亀山継夫裁判官及び福田博裁判官の補足意見参照）。しかし、このように規定の趣旨に反することを理由に合意の効力を否定することは、租税法律主義（憲法84）に違反しないかが問題になる。

　調査官解説には「憲法84条が規定する租税法律主義は、租税の賦課、徴収が、法律の根拠に基づき、法律に従って行われなければならないとする原則であり、私人にとって将来の予測を可能にし、法的安定を確保することを目的とする」ため、「租税法規が適用されて租税の賦課、徴収が行われるべきことが明らかな場合であるならば、租税法規を適用しても、憲法違反の問題を来すものではない」こと、これは規定の趣旨に反することが明らかな場合も同様であることが説明されている（高世三郎「判解」最高裁判所判例解説民事篇平成15年度829頁）。本件合意は5項の趣旨に反することは明らかで、無効とされれば同項が適用されると当事者が認識していた本件で憲法84条違反の問題は「前提を欠く」という。

　しかし、厳格解釈の要請は徴収の場面でも同様であるはずである。規定からは直接読み取れない趣旨解釈は慎重であるべきあるし（木山泰嗣「税法解釈のあり方－文理解釈は正しいのか」青山法学論集58巻2号〔2016年〕73頁参照）、特に租税法律主義との関係は重要な解釈を含むものである以上、判決で明示すべきだったのではないか。

CASE 37 ▶ 小規模宅地等の特例の適用と租税法律主義

> **最（三小）判平19.1.23・訟月54巻8号1628頁**

　確かに、甲土地及び本件仮換地は、相続開始時において、いずれも更地であり、居住用建物の敷地として現実に使用されている状況にはなかったものといわざるを得ない（★1）。

　しかしながら、前記事実関係によれば、Bは、従前、甲土地を現実に居住の用に供していたのであるが、F市の施行する本件事業のため、甲土地を含む本件土地につき仮換地の指定がされ、本件土地及び本件仮換地の使用収益が共に禁止されたことにより（土地区画整理法99条参照）、仮設住宅への転居及び甲建物の取壊しを余儀なくされ、その後、本件仮換地についての使用収益開始日が定められないため本件仮換地に建物を建築することも不可能な状況のまま、同人が死亡し、相続が開始したというのである（★2）。

　以上のとおり、相続開始の直前においては本件土地は更地となり、本件仮換地もいまだ居住の用に供されてはいなかったものであるが、それは公共事業である本件事業における仮換地指定により両土地の使用収益が共に禁止された結果、やむを得ずそのような状況に立たされたためであるから、相続開始ないし相続税申告の時点において、B又は上告人らが本件仮換地を居住の用に供する予定がなかったと認めるに足りる特段の事情のない限り、甲土地は、措置法69条の3にいう「相続の開始の直前において……居住の用に供されていた宅地」に当たると解するのが相当である（★3）。

本項のポイント

　前項では、一括支払システムに関する契約の効力が争われた最高裁判決（最〔二小〕判平15.12.19・民集57巻11号2292頁）を取り上げた。国税徴収法24条5項の適用を回避しようとする合意は無効であるとの判示であったが、そのように解することは租税法律主義（憲法84）に違反するのではないかという問題もあり、この点については調査官解説も紐解きながら解説をした。予測できるものであれば憲法違反の問題は生じないという考えが述べられていたが、税法解釈の厳格性からすると疑問な点もあることを述べた（少なくとも、判決で明示的に取り上げるべきであった）。

　本項では、相続税法における相続財産の評価（同法22）をする際の特例としての小規模宅地等の評価減の規定（租税特別措置法（平成11年法律第9号による改正前のもの。以下「措置法」という）69条の3）の適用が争われた最高裁判決を取り上げる。憲法解釈について直接的な判示はしていないため、第1審判決にもふれながら解説をする。

① 事案の概要

(1) 本件は、上告人らが、相続財産中の土地について措置法69条の3所定の小規模宅地等についての相続税の課税価格の計算の特例の適用があるものとして相続税の申告をしたところ、被上告人から、特例の適用は認められないとして相続税の更正処分等を受けたため、その取消しを求めた事案である。

(2) 措置法69条の3第1項は、個人が相続により取得した財産のうちに、当該相続の開始の直前において、当該相続に係る被相続人又は当該被相続人と生計を一にしていた当該被相続人の親族の居住の用に供されていた宅地等（土地又は土地の上に存する権利）で大蔵省令で定める建物又は構築物の敷地の用に供されているもの（「居住用宅地等」）がある場合には、当該相続により財産を取得した者に係るすべてのこれらの宅地等の200平方メートルまでの部分のうち、当該個人が取得をした宅地等で政令で定めるもの（小規模宅地等）については、相続税法11条の2に規定する相続税の課税価格に算入すべき価額は、当該小規模宅地等の価額に一定の割合を乗じて計算した金額とする旨規定していた（本件特例）。

(3) 昭和63年にAが死亡し、配偶者Bは、相続により、甲土地、乙土地（あわせて「本件土地」）並びに甲土地上の甲建物を取得した。相続人である上告人X1は、昭和57年に乙土地上に乙建物を新築した。平成9年、BはAの弟の妻で上告人X1の実母Cと共に甲建物に居住し、上告人ら（共同相続人）は、乙建物に居住していた。

② 裁判所の判断

最高裁は、相続開始時に更地であり居住用建物の敷地として使用されている現実がないことを認めながらも（★1）、仮換地の指定がされ使用収益が禁止されていたという土地区画法上の規制があっ

たこと、その後、使用収益開始日が定められなかったため本件仮換地に建物を建築することも不可能な状況のまま、本件における相続が開始した事実を指摘し（★2）、このような本件における「やむを得ずそのような状況に立たされた」事実を前提にすれば、本件仮換地を居住の用に供する予定がなかったと認められる特段の事情がない限り、甲土地は、措置法69条の3が定める「相続の開始の直前において……居住の用に供されていた宅地」に当たるとの判断をした（★3）。

その上で、本件においては「B及び上告人らは、仮換地指定通知に伴って仮設住宅に転居しており、また、上告人らは、相続開始後とはいえ、本件仮換地の使用収益が可能となると、本件仮換地上に本件ビルを建築してこれに入居したものであって、上記の特段の事情は認めることができない」との当てはめを行い、「甲土地について本件特例が適用される」と判示した。

③ 本判決の意義

税法解釈の原則である文理解釈からは導くことがむずかしい結論が示されているが、これにより納税者は救済されている（「文言上は本件特例の適用を肯定することが困難である」ことは、判タ1233号152頁（解説）でも指摘されている）。

第1審でも「文言を離れてみだりに拡張解釈することは、租税法律主義の見地から相当でなく、本件特例のような例外的な措置については特に厳格に解釈するべき」と判示されていた（福岡地判平16.1.20・税資254号順号9513）。この点について本件特例が「公用換地が絡んでくる事態を想定していなかった」とする指摘もあり（上記判タ）、結論としては妥当であると考えるが、税法解釈との関係については判文でその論理を示すべきであったといえる。（木山泰嗣「税法解釈の在り方―文理解釈は正しいのか」青山法学論集58巻2号〔2016年〕73頁参照）

CASE 38 ▶ 任意組合員の所得税についての通達規定の適用

> **東京地判平23.2.4・判タ1392号111頁**

　本件通達は、任意組合等の組合員の各種所得の金額の計算上総収入金額又は必要経費に算入する利益の額又は損失の額の計算方法につき、総額方式によることを原則とし、例外的に、継続適用を条件として、中間方式及び純額方式によることも認めるものであり、このような計算方法の取扱いは、課税実務の取扱いとして定着しているところ、上記の計算方法がどうあるべきかについては、（略）所得税法の規定の文言及び解釈により一義的に決まらないことに照らし、所得税法の解釈を踏まえて所得計算方法の簡便化を図ったものとして、合理性を有するものであるといえる（★1）。

　（略）被告の……主張は、所得税法の解釈を踏まえて任意組合等の組合事業に係る組合員の利益等の額の計算方法を明らかにするとともに、その所得計算方法の簡便化を図る趣旨で発出した本件通達について、本件通達に文言として表示されていない要件を（しかも抽象的な要件を）解釈として付加するものであり、それが通達の解釈に関するものであるとはいえ、実質的には、所得税法の解釈として課税要件明確主義（租税法律主義）の趣旨に反するものであるというほかない（★2）（被告の主張に係る取扱いを採用しようとするのであれば、法律又は法律の委任に基づく政省令において明確に定めるべきであるし、その場合においても、「課税上の公平を害さない限度」とか「課税上の弊害が生じない限度」といった不明確な基準によることは不相当というべきである（★3）。

本項のポイント

　前項では、相続財産の時価評価（相法22）をする際の特例としての小規模宅地等の評価減の規定（租税特別措置法〔平成11年法律第9号による改正前のもの。以下「措置法」という〕69条の3）の適用が争われた最高裁判決を取り上げた。

　憲法解釈についての直接的な判示がされたものではないが、第1審では当該規定の解釈をめぐり、税法解釈と租税法律主義（憲法84）の関係への言及がなされていたもので、最高裁はこれにふれないまま文理とは異なる解釈を採用したと思われるものであった。この点で最高裁はこの点についても言及すべきであったことを指摘した（もっとも措置法の解釈であり、仮換地による制約という回避できない事情から納税者を救済したものであった）。

　本項では、税法には直接明文の規定がない任意組合等（投資事業有限責任組合も含む。以下同じ）について、通達にある規定の適用とその解釈が争われた事案を取り上げる（東京地判平23.2.4・判タ1392号111頁、東京高判平23.8.4・税資261号順号11728〔確定〕）。任意組合等に対する課税については、そもそも所得税法にも法人税法にも規定がなく、解釈により構成員課税（パス・スルー課税）であると理解されているが、この事案ではこれを前提に所得税基本通達が定める利益又は損失の額の計算方法の適用が争われたものである。

① 事案の概要

　本件は、納税者が、平成15年分から平成17年分までの各所得税について、その出資先である任意組合等から生じた利益又は損失の額を所得税基本通達36・37共－20（以下「本件通達」という）に定める純額方式（任意組合の利益金額や損失金額のみを各組合員に配分する方法。ただし、平成17年分のＡ組合の損益については総額方式〔損益計算書、貸借対照表の各項目の全てを各組合員に配分する方法〕）により納付すべき税額等を計算して確定申告書を提出したところ、Ｔ税務署長から、すべてにつき総額方式により納付すべき税額等を計算すべきであるとして更正処分及び過少申告加算税の賦課決定処分を受け、これらの処分の取消しを求めた事案である。

② 裁判所の判断

　裁判所は、所得税法に規定のない本件通達の定める計算方法について、原則は総額方式によるものの、継続適用を条件として例外的に純額方式又は中間方式（損益計算書の項目だけを各組合員に配分する方法）によることについて合理性があるとした（★1）。つまり、所得税法の解釈として採用できる方法ということである。

　これに対し、採用できないとされた課税庁（被告）の主張は、中間方式又は純額方式による計算方法が許容されるのは、「総額方式による計算が困難である特段の事情がある場合」又は「総額方式による計算が実際上困難とまでいえない場合であっても、納税者が総額方式と比較して簡易な計算方法である中間方式及び純額方式を選択しても、当該納税者の租税負担が軽減されることがないなど、課税上の公平を害さない（課税上の弊害が生じない）限度において（かつ継続適用が条件）に限られる」とした点であった。

　この点で、通達ではあるが（法解釈として合理性を有する）その文言にない要件を付加するもので課税要件明確主義（租税法律主義）

に反するとした（★2）。また、このような主張が採用されるためには、政令などの定めが必要であることなども裁判所は指摘をした（★3）。

③ 本判決の意義

　任意組合等に対する課税については、法文の規定がなく租税法律主義からすると本来は立法で明文化すべき側面もあるが、判例は法解釈として構成員課税である点や、構成員が所得を得た原因により所得区分を判定すべきことなどを宣明している（最〔二小〕判平13.7.13・訟月48巻7号1831頁〔りんご生産組合事件〕、最〔二小〕平27.6.12・民集69巻4号1121頁〔航空機リース匿名組合事件〕）。

　本判決は、任意組合員等の所得計算における通達の規定に合理性を認め、法解釈として許容する一方、この通達規定にない文言を適用要件として求めた課税庁の見解を否定した点に、憲法解釈との関係での意義がある。

　本判決は、書籍（『所得税基本通達逐条解説』）の平成14年度・平成19年度版にはなかった課税上の弊害がある場合には本件通達は適用されない旨の記載が平成21年度の同書にはなされた点から「平成15年から平成17年までの間に」課税庁の上記「解釈を本件通達から読み取ることは一般の納税義務者にとって不可能であった」とし、「少なくとも原告の平成15年分から平成17年分までの所得税の計算に当たり上記解釈によるべきとする」のは「課税要件明確主義（租税法律主義）の趣旨に反して許されない」とも判示している。しかし課税要件法定主義からは、通達の規定をこのように読む解釈をするより、本来は上記のとおり法文に規定すべき問題であるはずである。

CASE 39 ▶ 来料加工取引における TH税制の解釈

> **東京地判平24.7.20・税資262号順号12009**

　……タックスヘイブン対策税制の適用除外規定は、単に海外において経済的合理性のある企業活動を行う企業について適用除外を認めているのではなく、特定外国子会社等の「主たる事業」を「主として」本店所在地国で行っている場合に、所在地国における事業活動が正常なものとして経済的合理性を有すると判断するという手法を採用しているのであるから（★1）、このようなタックスヘイブン対策税制の適用除外要件を充足していないにもかかわらず、適用除外を認めることは、租税法律主義に反し法的安定性や課税の公平性に反することになりかねないのであって、採用することができない（★2）。

　また、原告らの限定解釈に係る主張は、本件各規定の各1項に「租税回避を行った」等の書かれざる要件を付加して解釈することを主張しているものであり、それは本件各規定の各4項に定める適用除外要件に新たな要件を付加すべきであるという主張にほかならないのであって、立法論としてはともかく、租税法規の解釈論として採用することはできない（★3）。

本項のポイント

　前項では、任意組合等の所得課税について、通達の規定の適用と解釈が争われた事案を取り扱った（東京地判平23.2.4・判タ1392号111頁、東京高判平23.8.4・税資261号順号11728）。

　任意組合等に対する課税については、そもそも税法上の規定がなく課税のルールが明文化されていない。判例上も解釈により構成員課税であると理解されており、これを前提に所得税基本通達が定める利益又は損失の額の計算方法の適用が争われた事案であった。

　裁判所は、通達に規定されている計算方法を採用するために文言にない要件を付加することを求めた課税庁の主張を租税法律主義（課税要件明確主義）に反する解釈であるとした。

　本項では、香港に子会社を設立して部品を提供し中国の工場を利用して委託生産加工を行う来料加工取引にタックスヘイブン対策（TH）税制が適用されるかが争われた事案を取り上げる。主たる論点は適用除外要件の適用の有無であったが、仮にこの要件を満たさないとしても、特定外国子会社等の設立及び事業活動に租税回避目的ではない経済合理性が十分にあることを理由に適用除外とならないかも争点になった。この点について租税法律主義（憲法84）に絡めた判断がなされているため、これを検討する。

① 事案の概要

　Bは、香港で設立された法人であり、原告A（法人）が98％、原告甲及び乙（いずれも個人）がそれぞれ1％出資している。Bは、租税特別措置法（平成18年法律第10号による改正前のもの。以下「措置法」という）66条の6第1項の特定外国子会社等に該当し、その「主たる事業」である製造業を「主として」本店所在地国である香港において行っているとは認められず、措置法66条の

6第4項2号の適用除外要件（「所在地国基準」）を満たさないとして、原告Aの所得金額の計算上、Bに係る措置法66条の6第1項所定の課税対象留保金額に相当する金額が益金の額に算入されるとして、法人税の更正処分及び過少申告加算税賦課決定処分が行われた。本件は、これに対し原告Aが、措置法66条の6第4項の適用除外要件を満たしていると主張し、更正処分等の取消しを求めた事案である（原告甲及び乙に対しては、措置法40条の4の規定に基づく所得税の更正処分がされ、この取消しも求められているが、適用条文に違いがあるのみで、争点は同じである）。

(2) 裁判所の判断

裁判所はBの主たる事業が製造業に当たり、製造行為が行われているのはBの所在地である香港ではなく賃借している工場が所在する中国であるとして、所在地国基準（適用除外要件）を満たさないとした。

その上で、Bの設立及び事業活動は租税回避ではなく十分な経済合理性を有するので適用除外がなされるべきとの原告らの主張について、TH税制の適用除外要件の趣旨（海外において経済合理性のある企業活動を行う企業を適用除外とするのではなく、同法が定める適用除外要件を満たす場合に適用除外とすること）を述べた上で（★1）、それにもかかわらず、明文の要件を満たさない場合にも適用除外とすることは租税法律主義に違反するとした（★2）。

そして、原告らの主張は、明文にない要件を付加するもので解釈論としては採用できないとした（★3）。

(3) 本判決の意義

TH税制は昭和53年に導入された制度である。軽課税国にペーパーカンパニーを設立した。租税回避を防止するためにつくられた制度である。適用されると、外国子会社等の留保金額が日本の親会社

の益金に算入される点で、外国子会社合算税制とも呼ばれる。そのため当該国に子会社を設立し事業活動を行う経済合理性がある場合にまで合算することは妥当でなく（別法人の所得は合算されないことが原則であり、TH税制は例外を定めた制度である〔東京高判平25.5.29・裁判所HP参照〕）、適用除外要件が定められている。

　しかし、来料加工取引は香港に設立した会社が中国の工場に材料を供給し同工場で生産をさせる特殊な取引である。国際競争にさらされた日系企業が多く行っているもので、TH税制が予定しているような租税回避行為ではない。しかし、業種判定において卸売業等以外（製造業が典型例）と認定されると、所在地国基準を満たす必要がある（卸売業等であれば非関連者基準でよくこちらであれば適用除外になる）。

　このため、中国の工場を利用する点で、形式的に適用除外要件を充足できない。しかし制度趣旨からすれば経済合理性があるものとしてTH税制の適用外となるべきものであろう。この点を制度趣旨からの解釈論として乗り越える司法救済もあり得たはずであるが、同種事案を含め否定された（東京高判平23.8.30・訟月59巻1号1頁、大阪高判平24.11.29・税資262号順号12099等）。

　しかし、外国税額控除が政策税制である点から濫用事案には適用されないとした最高裁判決（最〔二小〕判平17.12.19・民集59巻10号2964頁）との裏返しで考えると、本判決の解釈が妥当といえるか疑問である。

CASE 40 登録免許税の減免規定と委任立法

大阪高判平12.10.24・判タ1068号171頁

　憲法84条の定める租税法律主義は、課税が国民の財産権の侵害であることに鑑み、課税要件の全てと租税の賦課・徴収の手続は法律によって規定すべきことを明らかにしたものである（最高裁判所昭和30年3月23日大法廷判決・民集9巻3号336頁、同昭和60年3月27日大法廷判決・民集39巻2号247頁参照）が、このことは、特例法37条1項のように、通常の課税要件よりも納税者に有利な特例措置を定めるものについても、同様に妥当すると解するのが相当である（★1）。

　もっとも、租税関係の立法においても、課税要件及び租税の賦課・徴収に関する定めを政令・省令等に委任することは許されるが、憲法84条の趣旨からすると、それは具体的・個別的委任に限られるのであり、一般的・白紙的委任は許されないと解するのが相当である（★2）。したがって、法律による委任は、その規定自体から委任の内容が一義的に明確でなければならないと解される（★3）。

　特例法37条1項……の「大蔵省令で定めるところにより登記を受けるものに限り」という表現からすると、書面主義が行われている登記手続の中では、一定の書面の添付を予定していると考えられる（★4）。……省令は主として純粋に手続的事項の定めしか置かないのが通常である（★5）。そうすると、特例法37条1項の大蔵省令への委任は、一般的・白紙的に委任をしたものではなく、法律及び委任を受けた政令の定める免税の実体的要件を証明すべき添付書類の内容の定めに限り、大蔵省令に委任したものと解される（★6）。

　特例法施行規則20条1項……の定めはまさに法律の委任の範囲に属する合理性のある規定であり、有効である（★7）。

本項のポイント

　前項では、香港に設立した子会社から部品を提供して中国工場で生産をさせる来料加工取引にタックス・ヘイブン対策税制（TH税制）が適用されるかが争われた事案を取り上げた（東京地判平24.7.20・税資262号順号12009）。

　子会社設立と当該取引に経済合理性があり、租税回避目的があるわけではないにもかかわらず、形式的に同要件を満たさないことから同税制を適用し合算した処分を適法とした裁判所の判断は、制度趣旨との関係で問題があることを指摘した。

　本項では、過大に納付をして登記等を受けた者が、登録免許税法（平成14年法律第152号による改正前のもの）31条2項所定の手続によらずに国税通則法56条による過誤納金の還付を請求できるかなどが争われた事案（最〔一小〕判平17.4.14・民集59巻3号491頁）を扱う。

　ただし、憲法との関係は、委任立法が租税法律主義（憲法84）に反しないかの争点であり、この点は下級審で判断されている。そこで、控訴審判決（大阪高判平12.10.24・判タ1068号171頁）を取り上げる。

① 事案の概要

X（原告、被控訴人、上告人）が、阪神・淡路大震災により損壊したため取り壊した建物に代わるものとして新築した建物について所有権保存登記の申請をした際、平成7年法律第84号による改正後の阪神・淡路大震災の被災者等に係る国税関係法律の臨時特例に関する法律（平成7年法律第11号。以下「特例法」という）37条1項が適用されないと誤信し登録免許税を納付したため、登録免許税法31条2項に基づく還付通知請求をしたXに対し、Y2（登記官）が還付通知をしない旨の通知をしたところ、Xが、Y1（国）に対しては登録免許税相当額の不当利得返還を、Y2に対しては上記通知処分の取消しを求めた事案である。

特例法37条1項には、「阪神・淡路大震災の被災者であって政令で定めるもの又はその者の相続人その他の政令で定める者が阪神・淡路大震災により滅失した建物又は当該震災により損壊したため取り壊した建物に代わるものとして新築又は取得をした建物で政令で定めるものの所有権の保存又は移転の登記については、大蔵省令で定めるところにより平成7年4月1日から平成12年3月31日までの間に受けるものに限り、登録免許税を課さない［下線は筆者］」と規定されていた（登録免許税の免除措置）。

その施行令（特例法施行令）29条1項には「当該建物の所在地の市町村長から証明を受けた者とする」との定めが、施行規則（特例法施行規則）20条1項には登記申請書に市町村長の被災証明書の添付が必要であるとの定めがあった。

② 裁判所の判断

裁判所（控訴審）は、納税者に有利な特例措置でも法律の定めが必要であることを租税法律主義の点から確認した上で（★1）、施行令等に委任する場合、白紙委任は許されず（★2）、委任の内容

が委任する規定自体から一義的に明確であることが必要である（★3）との一般論を示した。

その上で、特例法の上記規定から一定の書面添付が予定されていると読み取ることができ（★4）、省令は手続事項の定めしか置かないのが通常であることからすると（★5）、特例法の上記規定は白紙委任ではなく、同法が定める免税の実体要件の証明書類の内容に限り個別に委任したものと考えられ（★6）、また市町村長の被災証明書の添付を求める特例法施行規則は、委任の範囲内で有効である（★7）とした。

③ 本判決の意義

委任立法について、租税法律主義の観点から白紙委任が許されず、委任の趣旨が委任規定自体から一義的に明確であることが必要であるとした点は、白紙委任で租税法律主義に反するとした第1審（神戸地判平12.3.28・訟月48巻6号1519頁）と同様であり、一般的な理解と異なるものではない。

しかし、第1審は、以上の前提に立ちながら、行政機関に無制限の裁量を与えないため、「委任を受けた下位規範が定めるべき内容のよりどころとなるような基準」も委任規定に定められるべきとし、特例法の規定がどのような手続的課税要件を委任しているのか明らかでなく、白紙委任であるとした。第1審が「書類の添付」を挙げた他の委任規定を挙げていることから、本判決と異なる判断がなされたポイントは、委任規定に「書類の添付」が減免要件であると明示されていない本件の委任規定の捉え方であろう。

そこで合憲とするためには、（★4）の委任規定の解釈が必要になる。しかし租税法律主義を厳格に貫けば（「一義的に明確」であることが求められる）、第1審の判断が妥当ではないだろうか。

#4　憲法のオススメの本

　憲法改正の国民投票が実現する日が、将来必ず到来する。そう考えて、『憲法がしゃべった。』(すばる舎、2011年)を書きました。当時はまだ憲法や憲法改正について取り上げられることは少なく、憲法の一般書が書店に並ぶことはありませんでした。憲法は、司法試験や公務員試験の科目に過ぎませんでした。

　憲法改正のための国民投票法は2007年に公布され、2010年5月から施行されました。また、2012年4月には自民党が日本国憲法改正草案を公表しています(自民党ホームページで詳細を読むことができます)。国民投票法についても、総務省のホームページでわかりやすく解説されています。

　まずは、こうした情報をまずは正確に得ることです。その上で、日本の憲法は制定の経緯が特殊ですので、鈴木昭典『日本国憲法を生んだ密室の九日間』(KADOKAWA、2014年)などを読まれると、その経緯を深く学ぶことができます。

　さらに、大日本帝国憲法(明治憲法)の制定経緯や内容も学ばれると、比較により深みが増すでしょう。伊藤博文が記した『憲法義解』は明治憲法の公式注釈書です。いまは中古でしか入手できませんが、現代語訳が発表されています(相澤理『「憲法とは何か」を伊藤博文に学ぶ—「憲法義解」現代語訳＆解説』アーク出版、2015年)。

　以上は一般書ですが、ボリュームがあります。これに対し『憲法がしゃべった。』は、絵本のようなファンタジーの物語で読むことができます。わたしが監修した『マンガでわかる日本国憲法』(池田書店、2014年)では、憲法の基本について、歴史や諸外国の憲法も含め、わかりやすく学ぶことができます。条文をさわやかに聴きたい方は、アナウンサーの小林麻耶さんが全文を朗読されたCD

がついたエイベックス・マーケティング等編『「聴く」日本国憲法』（中央経済社、2014年）がオススメです。

おわりに

　税務判例を読みこなせる専門家は、きわめて少ないと感じています。税務訴訟の新規発生件数は年間200件超で、300件以上コンスタントにあった時代に比べ減少の傾向があります。それでも、毎年数百件の新しい税務判例が登場していることになります。複雑な税制が構築され、実務的な適用にもむずかしい法解釈が求められる税法を専門にする方（専門にしたいと思われている方。専門に学ばれている方）が、この事実を見逃すことはできないでしょう。

　わたしが税理士会の講演や、税理士法人、税理士の先生方の研究会などの研修の講師として呼ばれるテーマには「判例の読み方」が多いです。実際に判決文を読んでもらい、グループ・ディスカッションをしてもらう演習などを取り入れた研修をしたこともあります。税理士の先生方は、法的思考力を得るために、税務判例の読み方をマスターしようと努力されています。

　これに対して、法的思考力は十分過ぎるほどにある弁護士も、税務判例を正確に読みこなせる力がある人は、かなり少数というほかありません。税法の理論や体系に精通している弁護士は、きわめて少ないからです。

　税務案件が業務の9割以上だった弁護士実務の経験（約12年）を経て、2015年4月からわたしは大学教授（税法研究者）に転身しました。

　法学部の税法ゼミでも、昼の大学院でも、社会人の方をメインとする夜の大学院でも、税務判例の発表を通じた演習を指導しています。この2年ちょっとの間に、メキメキと彼ら彼女らが税務判例を読みこなせるようになるのを日々垣間見ています。大学や大学院に通って集中して判例を読み込み発表・議論をし、適切な教育指導を受ければ、弁護士でなくても「税務判例」は読めるようになります。

本書の読者の方に直接演習の指導をしてあげることはできませんが、本書を読むことで、税務判例が読めるようになるために必要な「数」をこなすことができます。

　ひとつひとつの税務判例の解説はコンパクトに抑えていますが、その分、取り上げた判例の数は多いからです。

　しかし、数をこなせばよいだけではありません。ぜひ、本書や前著『「税務判例」を読もう！』（ぎょうせい、2014年）を活用していただき、判決の読み方の基礎的な技術を得てください。

　その上で、裁判所の判断がなぜ分かれたのかを重要判例を中心に解説した『税務判例が読めるようになる』（大蔵財務協会、2015年）や、本格的な判例評釈がずらりと並ぶ『租税判例百選〔第6版〕』（有斐閣、2016年）を読んでみて下さい。

　税務判例を読む力を上達させるために、さらに必要になるのが憲法論です。本書は税務判例にあらわれた憲法論だけを取り上げた、税法の本としても税務判例の本としても数少ない1冊です。

　本書があなたのスキルアップの一助となれば、著者としてこれほど嬉しいことはありません。また、別の本でお会いしましょう。

2017年7月
青山学院大学法学部教授
木　山　泰　嗣
（き　やま　ひろ　つぐ）

■ 著者略歴

木山泰嗣（きやま・ひろつぐ）

　1974年横浜生まれ。青山学院大学法学部教授（税法）。同大学大学院法学研究科ビジネス法務専攻主任・税法務プログラム主任。鳥飼総合法律事務所客員弁護士。上智大学法学部を卒業後、2001年に旧司法試験に合格。司法修習（第56期）を経て、2003年10月より弁護士登録（第二東京弁護士会）。登録時より鳥飼総合法律事務所に所属し、ストック・オプション訴訟などの大型税務案件の代理人を数多く担当した。2014年1月より同事務所パートナーを経て、2015年4月より現職。実務経験を活かした税法研究のほか、大学から大学院までさまざまなレベルの学生に対する税法教育を行っている。

　『税務訴訟の法律実務』（弘文堂、2010年）で、2011年に第34回日税研究賞を受賞。税法以外にもさまざまなジャンルの執筆を行っている（単著の合計は、本書で49冊）。

　主な著書に、『小説で読む民事訴訟法』（法学書院、2008年）、『弁護士が書いた究極の文章術』（同、2009年）、『センスのよい法律文章の書き方』（中央経済社、2012年）、『反論する技術』（ディスカヴァー・トゥエンティワン、2012年）、『法律に強い税理士になる』（大蔵財務協会、2014年）、『分かりやすい「所得税法」の授業』（光文社新書、2014年）、『「税務判例」を読もう！』（ぎょうせい、2014年）、『超入門コンパクト租税法』（中央経済社、2015年）、『熟考する力』（大和書房、2016年）などがある。

　「むずかしいことを、わかりやすく」そして「あきらめないこと」がモットー。

　ツイッター：@kiyamahirotsugu

憲法から学ぶ
税務判例読解術

平成29年8月15日　第1刷発行

　　　　著　者　　木山　泰嗣

　　　　発行者　　株式会社 ぎょうせい

　　　　〒136-8575　東京都江東区新木場1-18-11
　　　　電話　編集　03-6892-6537
　　　　　　　営業　03-6892-6666
　　　　フリーコール　0120-953-431
　　　　URL：https://gyosei.jp

〈検印省略〉

印刷・製本　ぎょうせいデジタル㈱　　　Ⓒ2017 Printed in Japan
＊乱丁本・落丁本は送料小社負担にてお取り替え致します。
＊禁無断転載・複製

　　　　ISBN 978-4-324-10378-4
　　　　（5108361-00000）
　　　　〔略号：憲法判例読解〕